TRAITÉ COMPLET

DU JEU DE

LA ROULETTE

—

G. GRÉGOIRE

Guide-Manuel illustré du Jeu de Dames, règles, principes et
instructions pour le bien jouer. — 1 vol. grand in-12 . . . . 2 »

Traité du Trente-Quarante. — 1 vol. grand in-8. . . . . . 12 »

Échiquier du Trente-Quarante, donnant toutes les figures du
Trente-Quarante et de la Roulette avec la manière de les attaquer; une feuille in-plano. . . . . 5 »

Le même, collé sur toile et plié . . . . 7 »

Sous presse : **Un Nouvel Ouvrage sur le Jeu.**

J. A. DE R. ET DUNCAN FORBES

Nouveau Manuel illustré du Jeu des Échecs, lois et principes,
classification des débuts, parties modèles, fins de parties, etc.
— 1 vol. grand in-12. . . . . 2 »

VAN TENAC ET DELANOUE

Manuel du Jeu de Piquet. — 1 vol. in-32. . . . . . . » 25

Traité du Jeu de Whist. — 1 vol. in-32. . . . . . . » 25

Manuel des Jeux de Boston, boston de Fontainebleau, boston de
Lorient, boston anglais, criblage, Vendôme, etc.—1 vol. in-32. » 25

Manuel des Jeux de Bezigue, d'Écarté et de Reversi. — 1 vol.
in-32. . . . . » 25

**Manuel des Jeux de Bouillote, Lansquenet, Brelan, Florentini,
Baccarat, Treize et Pharaon.** — 1 vol. in-32. . . . . » 25

**Manuel des Jeux d'Impériale, Triomphe, Mouche, Ambigu,
Nain-Jaune, Mariage, Rams, Vingt-et-un, Loterie, Tontine.**
— 1 vol. in-32. . . . . » 25

Les Six Volumes réunis en un. 1 50

LÉON COSSON

Traité illustré du Jeu de Billard. — 1 vol. in-32. . . . » 25

TRAITÉ COMPLET

DE

LA ROULETTE

DE SES RAPPORTS AVEC LE TRENTE-QUARANTE

ET DE

L'ASSIMILATION DE CES JEUX AVEC LES ÉCHECS ET LES DAMES

SUIVI DE

15.000 COUPS DE BANQUE

PAR G. GRÉGOIRE

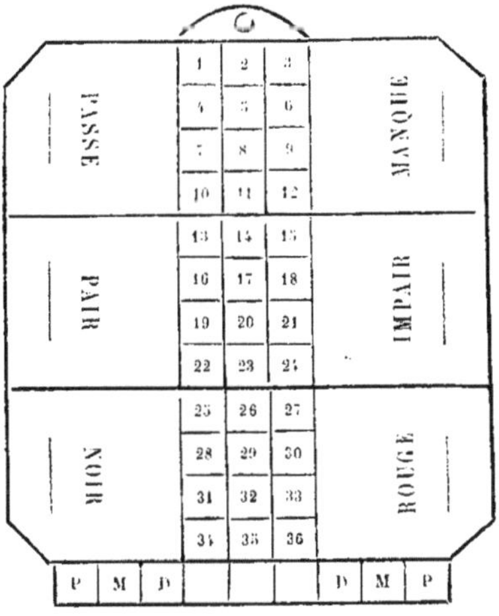

PARIS

PASSARD, LIBRAIRE-ÉDITEUR, 7 RUE DES GRANDS-AUGUSTINS

1861

est le même, les événements se suivent, sont en rapports constants de 2 à 3, et, rien n'autorisant à attendre une faveur spéciale des Douzaines, c'est mal exposer ses capitaux que de leur donner la préférence sur Rouge et Noir, Pair et Impair, Manque et Passe; comme il serait contre la raison d'opérer sur ces tableaux de préférence aux tableaux du Trente-Quarante, s'il n'y avait quelque motif pour cela. Ce motif, c'est le minimum d'enjeu. On peut mettre un florin à la Roulette : il en faut mettre deux à l'autre table. Cette différence permet de porter un coup plus haut les martingales, et de surmonter certains écarts dans les montantes ; c'est bien quelque chose, mais vraiment tout m'autorise à m'élever contre ces manières de jouer, que je ne saurais jamais adopter. Je trouve préférable, si on a un capital important pour les progressions, d'en prendre le terme moyen et d'opérer à masses égales. Faites une simple progression de rentrée, si vous voulez, à la suite d'un écart de 40 à 50 masses, mais ne sortez pas de là.

Croire que les progressions ont plus de force que la masse égale est une erreur ;

Croire qu'elles vont plus vite, une autre erreur.

L'exemple de M. Ga..., à Hombourg, est sans conséquence. Calculez ce que les banques ont gagné ou payé
en fermages et frais généraux depuis leur existence, et
voyez ce que signifie cette levée. C'est un beau coup sans
doute si M. Ga... s'arrête là ; mais, loin d'avoir peur,
M. Blanc serait heureux de le voir le tenter de nouveau ;
car tout lui reviendrait indubitablement, si les enjeux
étaient aussi forts qu'ils l'ont été pendant ce grand succès,
parce que toute méthode a ses écarts, et qu'il n'en faudrait pas un bien extraordinaire pour que, le Refait aidant, la banque rentrât dans ses fonds.

Il est certain que toutes les manières de jouer présentent de grandes difficultés, et c'est y ajouter encore que
d'exposer au Refait, ou au zéro qui a ses écarts parfois
fort lourds, de grosses masses progressives. On en trouvera un exemple plus loin sur une application effective
que j'ai faite dernièrement à la Roulette, pendant vingt
et une séances, où le zéro est venu vingt-sept fois de plus
que sa sortie moyenne.

En établissant une méthode à la Roulette, comme au
Trente-Quarante, il faut considérer trois choses : le point

d'attaque et d'arrêt, la portée des écarts, et la facilité
d'exécution. Les deux premières conditions ne peuvent
être obtenues que par des expériences très-développées,
en se gardant bien, une fois l'application de la méthode
commencée, d'y faire le moindre changement ; car alors
tout ce qui précéderait l'innovation serait de toute nullité.
Si, chemin faisant, on aperçoit quelque modification que
l'on juge avantageuse, on en prend note pour recom-
mencer l'opération. Ensuite on compare les deux manières dans leur marche et dans leur produit, et l'on
adopte celle dont le train est le plus régulier. C'est surtout dans les premières études que l'on doit s'abstenir
d'employer des progressions ; car, tombant sur une partie
avantageuse, écart de faveur, on serait exposé, dans l'application en banque, à de coûteuses déceptions. Avant
toute idée de progression, il faut donc, de toute nécessité,
trouver le moyen de gagner à masses égales, soit sur
les numéros, soit sur les chances simples, plus de coups
que la banque.

Je sais que des spéculateurs, tout en perdant des coups
sur la banque, ce qu'ils reconnaissent, ont la prétention
de faire triompher leur méthode par l'élévation des pro-

gressions. Cette manière de voir sera toujours ruineuse, parce que l'argent est sans force, et que les plus grosses sommes ne résisteraient pas contre des écarts très-ordinaires, et inévitables si on joue à tout coup.

La troisième condition, la facilité d'exécution, est très-importante : c'est celle qui m'a le plus tourmenté, et j'ai dû, pour l'obtenir, faire de grands changements dans mon mode d'application, parce que les incidents, trop fréquents au milieu de la foule, joints à la rapidité du jeu, portaient trop atteinte à ma méthode.

A la Roulette, les numéros en extraits m'ont toujours paru plus accessibles que les transversales de trois, de six, mais principalement que les douzaines.

J'ai reconnu dans des études comparées qu'il est mieux de jouer douze coups un numéro, que de mettre douze pièces d'un coup sur une douzaine ; six coups un numéro, que six pièces sur une transversale de six. Non pas que ce qui apparaît d'abord soit un avantage tout réel, ce serait trop beau ; mais je puis affirmer que l'extrait est plus favorable. Quand vous jouez douze pièces sur une douzaine, le résultat est connu d'avance. Si d'autre part vous appliquez douze pièces sur un numéro, le résultat est incertain, parce que vous pouvez gagner avant d'avoir épuisé vos douze pièces. Mais cette différence est atténuée par la répétition des premiers numéros sortis. Néanmoins il y a faveur du côté de l'extrait ; aussi voit-on les vrais joueurs courir instinctivement après les répétitions immédiates. Elles produisent parfois des coups brillants, amusent la galerie ; mais dans la spéculation il faut d'autres éléments. On verra plus loin comment je l'entends. Quant à prétendre primer mathématiquement le Zéro de la Roulette et le Refait du Trente-Quarante, c'est pure folie ; un esprit troublé peut seul s'en aviser. On peut voir à ce sujet le *Trente-Quarante dévoilé*. L'ami qui m'a apporté cette brochure me disait : « C'est le jouet d'une imagination sans portée ; l'auteur n'a qu'une idée qu'il tourne et retourne comme un enfant son hochet. Il n'a dévoilé qu'une chose que par respect pour le public il eût mieux fait de taire. » J'ai trouvé cette dernière observation fort juste. Parlez banque, et ne sortez pas de votre sujet. — 7,300 coups de banque terminent cette brochure. On peut demander à l'auteur comment il se fait qu'au lieu de 228 séries de cinq, rapport exact du chiffre de 7,300,

qui ne représente que trois journées de banque, il y en ait
40 de plus, c'est-à-dire de trop !... Il est probable que
cette collection a été à son égard le sujet d'une mauvaise
plaisanterie ; car si c'est sur cette belle donnée que tout
illusionné il a couru chez l'imprimeur pour proclamer sa
merveilleuse découverte, il aurait tout bonnement, comme
e singe de La Fontaine, pris le Pirée pour un homme.
Cette collection, pour des expériences, doit être rejetée,
fût-elle même sincère ; l'écart de faveur qu'elle présente,
étant excessif, induirait le spéculateur en erreur. Je
n'aurais pas suspecté cette partie de coups de banque,
si, m'étant avisé d'y appliquer ma méthode, je n'avais
obtenu un bénéfice énorme. Alors l'idée me vint de faire
le dénombrement de la série cinq, dont je donne le résultat.

L'auteur du *Trente-Quarante dévoilé* ne doute pas
que sa brochure n'ait vivement alarmé les directeurs des
trois grosses banques ; et dans sa bonté, voyez avec
quelle mansuétude il s'empresse de les rassurer : « Soyez
tranquilles, si je vous enlève à chacun 4,000 fr. par jour,
les curieux qui accourront en foule pour jouir du spec-
tacle tout nouveau que je leur offrirai laisseront à vos

caisses plus d'argent que je n'en enlèverai. » Cette logique est en effet des plus rassurantes : n'est-il pas très-clair que les curieux qui verront gagner énormément par une méthode infaillible joueront en sens inverse afin de combler le vide qu'aura fait son auteur? Tout cela est charmant. Mais où a-t-il vu que les banquiers après une perte de quelque importance plient bagage? Ni à Bade, ni à Hombourg, ni à Wiesbaden, depuis quinze à vingt ans, il ne s'est rien passé de pareil. Je suis trop au courant de tout ce qui s'est fait dans les salons, qu'il ne l'ignore pas, pour ne pas relever cette erreur.

D'un autre côté, il fait le plaisant au sujet d'une des plus hautes questions d'économie politique dont se soient occupés les gouvernements. Il nie l'ascendance des naissances masculines sur celles des filles, fait parfaitement reconnu par les statisticiens, et que j'ai rapporté en le comparant au mouvement ascensionnel des coups de jeu. Le brave auteur demande une preuve mathématique, et ce n'est pas une plaisanterie, la statistique de deux cents millions d'âmes ne lui suffit pas. Jugez d'après cela s'il est ferré sur le Trente-Quarante… Voyez l'inconséquence de ce critique, il ne joue, n'a jamais joué que les séries,

qui sont évidemment des figures ascensionnelles et domi-
nantes, mais qu'il cherche sans raison, à tout coup, ne
se doutant pas de leur valeur, ni des ravages du Refait.
N'ayant rien de bon à dire, il me fait complétement
sourd. Que signifie cet acte de charité quand il sait le
contraire? Mais, si je suis dur d'oreille, j'ai de bons
yeux... Au surplus, au salon la vue est plus utile que
l'ouïe : il m'est arrivé plusieurs fois de signaler des erreurs de banque, car un seul coup d'œil me donne le
point. Je n'aurais pas répondu à cette brochure si je n'a-
vais jugé utile pour le public de faire ressortir par mes
répliques, trop motivées, certaines vérités. Sous ce rapport, il m'est agréable d'en avoir eu connaissance.

Comme ce que j'ai écrit dans mon *Traité du Trente-
Quarante* peut être bien placé ici, je le répète.

« Personne, je puis le penser, n'a fait plus de travaux
que moi sur les jeux dits de hasard, et pourtant je ne suis
nullement joueur ; mais ma raison n'admet pas volontiers
le mot *impossible*. pas plus qu'elle n'accorde au mot *hasard*
l'acception qu'on lui donne. J'ai toujours pensé que les
coups de jeu qui se classent si admirablement dans leurs

cadres respectifs, qui n'ont aucune limite, et pour cela même, étaient de leur nature matière à étude ; et tout ce que j'ai vu m'a prouvé que j'étais dans le vrai. Il y a dans le mouvement des coups de jeu le même principe d'ascendance qui règne dans la nature humaine, et, il semble, au même degré.

« Ne voyez pas un paradoxe dans cette assertion ; la similitude du jeu et le mouvement de l'espèce humaine ressort sous plus d'un point. Si les coups de jeu se divisent en deux parties égales, l'état civil ne nous montre que des naissances de deux genres, des décès de deux genres. Piquez une carte de rouge et de noire, de naissances ou de décès, comme les amène le temps, vous obtiendrez la même répartition de séries et d'intermittences ; je dis répartition, pas autre chose.

« Au jeu, je vous dirais : De quelque manière que se présentent les figures, sachez les étudier afin de n'opérer jamais que selon leur mouvement ascendant, c'est-à-dire dans le sens de la gagnante ou de la dominante, attendu que de ce principe ressortira un avantage pour vous, qui serait doublement en faveur du banquier si vous opériez en sens contraire ; car il a de plus ses levées du Refait. Ce n'est pas chose facile, je le sais, que de discerner la gagnante et la dominante en bien des cas ; cependant, sans cette connaissance exacte, on ne saurait obtenir rien de bon.

« Si vous devez parier sur la marche de l'espèce humaine, faites-le pour les naissances contre les décès, en temps ordinaire ; car s'il est vrai que tout meurt, il n'est pas moins vrai que les naissances l'emportent sensiblement et constamment.

« Préférez-vous parier sur les naissances seulement, faites-le en faveur des garçons, qui dominent les filles d'environ 2 p. 100. Avant cette connaissance authentiquement acquise par la statistique générale de l'Europe et de l'Asie (1), certaines inductions portaient à croire le contraire. Il en est de même des coups de jeu, que le défaut d'étude fait comprendre au rebours de ce qu'il faut pour le succès.

(1) C'est de Humboldt qui a complété cette statistique par ses recherches sur l'Asie. MM. les barons C. D., de R., et quelques autres savants ont traité les différentes parties de l'Europe, ce que, assurément, ignorait certain mirmidon.

« Toute appréciation faite, je maintiens l'analogie entre les coups de jeu, les naissances et les décès. »

L'auteur du *Trente-Quarante dévoilé* dit avoir été officier en Égypte; nous ne ferons pas le voyage du Caire pour nous en assurer, et il ignore que les combats sont de mauvais multiplicateurs de l'espèce humaine. Médaillé de Sainte-Hélène, en vertu de notre brevet d'officier de cavalerie, nous affirmons que la vue d'un champ de bataille fait comprendre l'œuvre de la nature : à la folie des hommes à s'entre-tuer, il fallait un réparateur, elle y a pourvu, et voilà sans doute pourquoi il naît plus de garçons que de filles.

Ce n'est pas par le *calcul,* mais *par l'esprit de combinaison* que l'on peut parvenir à triompher du droit de banque. Le calcul sert à se rendre compte des opérations basées sur les combinaisons; son rôle est tout différent et ne peut changer. Mathématiquement et sans combinaison, il est possible d'élever un produit quelconque, en passant des figures simples aux figures doubles, triples, etc., ainsi que je l'ai démontré dans mon autre ouvrage; mais de zéro le calcul n'obtiendra rien.

On peut bien calculer et n'être qu'*une mazette* aux jeux de combinaison. On fait de jolies petites machines qui chantent dans la poche ; on en voit de grandes qui font justes les calculs les plus compliqués ; mais il n'en a pas paru, il n'en paraîtra jamais qui puisse combiner. Cherchez donc un automate qui combine un plan de campagne à la Bonaparte.

CURIEUSE DÉCOUVERTE

Assimilation du Trente-Quarante aux Échecs et aux Dames

La science en toute chose va de progrès en progrès, rien ne peut en arrêter l'essor : on peut en suspendre le cours, mais non l'arrêter ; sa puissance surmonte les obstacles, et justice se fait : Galilée nous vient en exemple.

N'est-ce pas l'esprit de combinaison qui préside aux récentes découvertes de **M.** Coulvier-Gravier, savant astronome, et d'un membre de l'amirauté anglaise, permettant de pronostiquer les tempêtes à deux ou trois jours près ? Si ce n'était pas cet esprit-là, les tempêtes seraient prévues et annoncées au jour, à l'heure, à la minute, aussi précisément que les éclipses. —Si quelques savants ont échoué dans leurs combinaisons, c'est qu'une cause quelconque leur était masquée ; aussi peut-on croire qu'à l'avenir ils ne prédiront rien que la base de leurs appréciations ne soit parfaitement établie et ne les expose plus à compromettre leur jugement.

Quant aux tempêtes, ce qui vient de se passer en Angleterre prouve que la science météorologique a atteint un degré de précision d'une extrême importance pour l'humanité. Il faudra bien quelque temps pour déraciner la routine ; mais l'opposition aux observations de la science, ayant eu de si graves conséquences, s'effacera bientôt, et toute la marine rendra hommage aux savants qui lui viennent si puissamment en aide.

Otant la question d'argent qu'impliquent le Trente-Quarante et la Roulette, je ne crains pas d'avancer que ces jeux ne sont ni plus ni moins de hasard que les Dames et les Échecs... Que l'on crie au paradoxe, c'est possible ; mais, après réflexion, on tombera d'accord avec moi. Aux deux premiers jeux, je considère le banquier comme un joueur d'Échecs qui reçoit une pièce de son adversaire. Pourquoi ce dernier, malgré la pièce de moins, gagne-t-il ordinairement plus de parties? C'est qu'il élève ses combinaisons en raison des difficultés qui se présentent. Pourquoi le banquier, au contraire, gagne-t-il ses adversaires? C'est que ceux-ci, en général, n'ont d'autre guide que leurs inspirations, et que le petit nombre de spéculateurs, à défaut des éléments nécessaires pour étudier le cours incessamment variable du jeu, se font une règle de conduite sur de faibles aperçus qui, trop souvent, ne montrent que des résultats trompeurs. Et d'ailleurs, comme la plupart font des épreuves par progressions; que plus les progressions sont élevées, plus doivent être considérables les résultats favorables, privés des moyens de remplir cette dernière condition, leurs applications en banque ne peuvent guère leur donner la satisfaction qu'ils en attendent. Il n'y a de jeux de hasard que ceux qui ne laissent pas le temps de réfléchir.

Il fut fait une fois une expérience de trois mois par progressions au Trente-Quarante; les résultats s'étant montrés fort beaux, on ne mit pas en doute que la même application, répétée à la banque même, n'apporterait aucun changement aux faits connus. Pour dominer le plus fort écart de l'expérience, 69,000 fr. étaient né-

cessaires : on fit un appel aux employés d'une grande
administration, et la somme fut fournie. Alors on se
rendit à un des grands établissements d'Allemagne, où,
après un court séjour, le capital fut englouti. Je tiens
ces détails d'un des chefs de l'administration qui prit lui-
même une forte part dans l'entreprise ; il me montra la
table sur laquelle eut lieu la longue expérimentation. Je
lui dis qu'en cette affaire on avait commis deux très-
grosses fautes : la première, d'opérer avec une seule
progression ; la seconde, d'avoir choisi la banque la plus
chère, quand il s'agissait surtout d'un jeu par progressions, où les fortes masses sont parfois longuement dé-
cimées par le Refait ; surviennent ensuite des ballottages
souvent très-prolongés, sur lesquels ce dernier exerce
une fâcheuse influence. Cette affaire fut donc engagée
dans les plus mauvaises conditions possibles. Il n'est pas
un calculateur d'une certaine portée qui ne comprenne
que masses égales ou progressions sont une même
chose ; que là où la masse égale perd, aucune progression ne peut résister ; qu'il n'y aurait absolument rien à
faire aux jeux dits de hasard, si on ne parvenait à gagner
plus de coups que la banque. Toute la question est là.
Le peut-on ? Oui, positivement oui, et c'est parce que la

chose est parfaitement démontrée que j'assimile en toute
assurance aux jeux les plus positifs le Trente-Quarante et
la Roulette.

Deux joueurs de Dames, qui ne se connaissent pas,
commencent la partie dans des conditions égales, 20 pions
de part et d'autre. S'ils sont tous deux forts, les premières
évolutions auront beaucoup d'analogie ; mais l'attaque
doit commencer, le combat s'engage ; le champ devient
plus libre : il faut porter haut les combinaisons, car, jus-
ue-là, les combattants ont maintenu leurs positions, et
la partie semble tourner à la remise. Cependant, un pion
qui vient d'être avancé donne lieu à un coup brillant que
la perspicacité du plus habile exécute soudain, et la partie
est gagnée. Elle peut l'être encore sans éclat par des
temps bien joués, c'est même plus fréquent.—Il en est de
même au Trente-Quarante : c'est en jouant juste et toujours toutes les figures de l'Échiquier adopté que l'on
finira par triompher.

Plaçons-nous en présence du banquier, et voyons de
quelle manière nous devons engager la partie avec lui.
Le rôle du banquier est de débiter les coups du Sixain ;
il ignore comme nous ce qui va sortir ; sa confiance est

tout entière dans le Refait, qui lui a toujours donné des
bénéfices ; il laisse dormir son génie... se reposant sur la
différence mathématique, qui est en sa faveur.

Si on était obligé de jouer à tout coup, cette différence
serait certainement écrasante, parce qu'il faudrait subir
le ballottage d'une foule de coups parasites, c'est-à-dire
nuls pour l'attaque, et pendant lesquels le Refait exer-
cerait sa funeste influence.

Mais si dans nos études nous avons su découvrir un
principe favorable, un indicateur constant des points d'attaque, et que de longues expériences en aient fait ressortir un avantage plus fort que le droit prélevé par le
banquier, nous viendrons à notre tour, plein de confiance, entrer en lutte. Ce principe, je l'ai proclamé dans
mon *Traité du Trente-Quarante*, c'est la dominante dans
toutes les parties du jeu, qu'on opère sur les chances simples ou sur les numéros de la Roulette (1). C'est par elle
qu'on sera bien appuyé. Mais le point d'attaque de la dominante ne se devine pas, il faut l'avoir cherché et bien
étudié.

(1) En supposant les joueurs d'égale force, il en serait de même
à l'Écarté : c'est toujours pour la série qu'il faut parier. Entrant

Si, au contraire, on compte sur les retards, on n'obtiendra rien de bon, pas plus sur l'extrait, binaire ou ternaire, que sur les chances simples du Trente-Quarante et de la Roulette. Attaquer un numéro après 100, 200, 300 coups de retard, c'est agir contre le principe et courir à une perte certaine. Il en est de même des transversales et des colonnes.

Je puis d'autant mieux certifier ce que j'avance, qu'à une certaine époque je fis des relevés de retardataires sur des documents si considérables que j'avais, par centaines,

au salon au moment où la main vient de passer cinq fois, dix fois, quinze fois, pariez pour la seizième. Si vous perdez, tout est dit; mais si au contraire vous pariez contre, il peut arriver que vous soyez poussé fort loin. Voici un exemple bien extraordinaire :

Un jour, à Hombourg, quelqu'un vient me dire que l'Inverse est au 18e coup. J'avais à réparer une erreur de 8 florins, je mis un frédéric à Couleur. Je perdis ; j'augmentai jusqu'au 22e coup ; là, je rompis et ne mis plus que 2 frédérics ; la série s'arrêta à 23... J'étais d'autant plus piqué que j'avais agi en cette circonstance contre ma manière de voir.

Une autre fois, j'étais en séance ; le jeu m'indiquant de jouer à noir, j'y plaçai une masse. Le général Sk...., assis à mon côté, me dit : « Mais la noire est à son 11e coup ! — Que voulez-vous, j'obéis à mes figures, que je dois jouer cinq fois à noir. » Je gagnai les cinq masses, ce qui l'étonna beaucoup.

des extraits au-dessus de 300 coups de retard. Eh bien,
pour trouver quelque bénéfice, il fallait pousser l'attaque
jusqu'au 423ᵉ coup... Admirez à cette hauteur la frac-
tion 23!

A la suite d'un retard, après une ou plusieurs sorties,
on peut chercher un point d'attaque, parce que cela porte
à la Dominante. Toutes les chances composées, comme 2,
3, 4 numéros suivis, doivent être traitées de la même manière.

Autrefois, quand la Loterie existait en France, les buralistes avaient grand soin de faire ressortir sur des tableaux
mis en montre les numéros en retard, et le public joueur
de les adopter, de les nourrir (c'était le mot consacré). Il
arriva un moment où le 76 était si bien nourri que, s'il
fût sorti, l'administration de la Loterie aurait été ruinée.
Mais il tarda si fort de se montrer qu'il mit à sec le plus
grand nombre de ses bienfaiteurs, et l'administration put
décidément compter pour bons les capitaux qu'elle avait
encaissés. Le 76 a été, je crois, le plus grand retardataire
de la Loterie de France. En le signalant, les buralistes n'y
entendaient pas malice, ils croyaient mettre en bonne voie

leurs abonnés; leurs intentions étaient d'autant plus sin-
cères que, lorsqu'un gros lot échéait, le buraliste qui avait
à le payer recevait d'ordinaire une gratification. C'est ce
qui se passe encore aujourd'hui en Autriche et en Italie,
où la Loterie est jouée avec ardeur.

SUITE DE L'ASSIMILATION

Je suis si convaincu que le Trente-Quarante n'est point
un jeu de hasard, que je proposerais de le jouer à la manière des Échecs, c'est-à-dire tête-à-tête : on me dicterait
des coups de banque d'après lesquels je masserais à ma
convenance, sans faire jamais la moindre progression ; mon
adversaire jouirait du refait de Wiesbaden, et, de plus,
je lui passerais 10 p. 100 de son enjeu... A ces conditions,
je m'engagerais à faire de 25 à 50 parties au napoléon,
comme préparation à une affaire capitale. La partie serait
gagnée par celui qui le premier aurait levé 200 jetons.
Cela ne prendrait pas plus de temps qu'une partie d'É-
checs ordinaire.

J'ai lu, dans un journal, que la Chambre des seigneurs de Prusse avait le dessein d'établir un prix de cent mille thalers pour celui qui parviendrait à mater les banques de jeu, et cela m'a été répété à Wiesbaden. Ce projet, s'il est réel, me paraît devoir rester à l'état d'idée. Comment prouver que l'on peut mater les banques autrement que par des démonstrations théoriques constatées par des faits pratiques en particulier? Car, si quelqu'un avait le moyen de primer les droits établis sur les jeux, son intérêt serait d'appeler à son aide de forts capitaux et de faire annuellement certaines levées importantes, mais limitées, sans éclat, dans le silence, sur les bénéfices. Agir autrement serait rappeler la fable de la Poule aux œufs d'or.

Dans mon précédent ouvrage, je dis qu'une taille formée de coups pris à diverses banques est tout aussi exacte, aussi homogène que celle sortie immédiatement du sixain. Je dis encore que de piquer verticalement la carte n'est pas mieux que de la piquer de gauche à droite, et, pour prouver que tout cela m'est parfaitement connu, j'ajouterai à la proposition ci-dessus qu'au gré de mon adversaire j'inscrirai les coups qu'il me dictera de haut en bas, ou de gauche à droite; et, encore, que des cinq premières parties pas un piqué ne sera le même ; alors les cinq parties suivantes seront modelées sur les premières, et ainsi de suite.

Il est bien entendu qu'en fait de chances simples tout ce qui se passe au Trente-Quarante s'applique à la Roulette. — Il est également entendu que toutes les figures se ressemblent, et dans les mêmes proportions, aux deux jeux : qu'il n'y a ni plus ni moins de séries et d'intermittences à l'un qu'à l'autre ; seulement il ne faut mettre en regard des deux tableaux du Trente-Quarante que deux des trois tableaux de la Roulette.

DU CAPITAL

De tout temps les spéculateurs sur les jeux ont agi de manière à décupler les difficultés inhérentes à ces sortes d'entreprises. Au lieu de former des sociétés et de réunir leurs capitaux, ils s'engagent isolément avec de faibles sommes, ignorant presque toujours à quel chiffre doit être portée la réserve nécessaire ; car cette connaissance ne peut être obtenue qu'après de grandes épreuves ; et, comme je l'ai dit, les moyens de se renseigner leur manquent totalement, surtout en ce qui concerne la roulette.

Une réunion de quatre ou cinq spéculateurs, dont chacun exposerait les observations qu'il a faites en étudiant la marche du jeu, les divers résultats qu'il a obtenus, les crises plus ou moins vives, les périodes de ballottage sans différence qu'il a subies : tout cela donnerait certainement lieu à des mesures de garantie qui assureraient en banque au moins la balance dans un temps limité, si les moyens adoptés n'étaient pas assez puissants pour outrepasser le Refait ; alors on s'arrêterait, mais sans dommage. Si, au contraire, la méthode suivie et expérimentée sur une grande échelle était appuyée par un capital répondant trois ou quatre fois aux écarts bien constatés, la société opérant sans crainte, mettant tous ses soins à procéder correctement, il n'y a pas à douter que le succès serait aussi certain et relativement aussi imposant que celui de la banque sur la foule.

Mais pour qu'une telle société se formât convenablement, il faudrait que la question fût abordée nettement, sans prévention, sans amour-propre ; que chacun présentât ses études telles quelles, afin que, tout examiné, tout pesé, on agît de confiance et aussi fermement que le font les employés de la banque. Dans ces conditions la durée du succès serait sans limites.

Que désirent ceux qui abordent le tapis vert ? Trouver dans cette carrière ce qu'ils n'ont pu obtenir dans le commerce ou l'industrie ; d'autres, dans les jeux de Bourse. La plupart apportent là le peu d'argent qui leur reste et le laissent toujours sans résistance. C'est pour ceux-ci principalement qu'une application en participation serait vraiment utile. Puisque des gouvernements autorisent les jeux, il n'y a pas de raison pour n'en pas faire une étude spéciale et les vaincre s'il est possible.

Les banquiers sont mieux avisés, ils forment leurs capitaux par actions et se mettent ainsi en état de résister sans émotion à toutes les attaques.

Voyez Wiesbaden, Hombourg, Bade et Spa, les plus fortes banques, toutes ont des actionnaires ; aussi opposent-elles chacune une pelote bourrée d'un million aux mille épingles qui s'y émoussent incessamment sans l'endommager.

DES MÉTHODES

Dans mon *Traité du Trente-Quarante* je donne plusieurs méthodes et le dessin des figures qui en font partie, ainsi que les états de leur application. Il en est qui dépassent cent mille masses jouées effectivement ou en épreuves, portant de 2 à 3 p. 100 de produit. De telles épreuves sont concluantes, aussi n'ai-je depuis rien trouvé de contraire dans les divers examens que j'ai faits. Le même ouvrage donne 42,000 coups piqués des chances simples.

Pour faciliter l'établissement d'une méthode quelconque, car il en faut toujours avoir une afin de résister au tapis vert et ne pas se laisser entraîner aux mille inspirations que fait naître le jeu, j'ai dressé un tableau, que j'appelle *Échiquier du Trente-Quarante* (1), et qui s'appli-

(1) A Paris, chez Passard.

que également à la Roulette, puisqu'il s'agit des chances simples. On y trouve le dessin de toutes les figures que produisent les coups de banque et la manière de les attaquer aux hauteurs déterminées, en raison de mes longues études. Bien que cet Échiquier soit lithographié depuis un certain temps, je ne l'ai pas encore publié ; j'en ai vendu une trentaine d'exemplaires, et quelques amis m'ont dit sincèrement en être satisfaits. Le spéculateur choisit les figures qui lui paraissent les plus faciles à observer, en réunit un certain nombre, et, suivant le cours du jeu, les applique soit un, deux et trois coups de suite, et même à fond s'il le préfère. Le résultat, dans l'ensemble, est à peu de chose près le même, parce que l'avantage ressort tout entier du point où commence l'attaque. Le point d'attaque étant élevé, les figures par espèces sont rares ; il en faut donc assembler le plus possible, c'est-à-dire autant que l'on juge pouvoir en observer, en raison de la rapidité du jeu.

Comme on me demande souvent les adresses de ceux qui vendent des recueils de coups de banque, et que, depuis des années, il n'y en a plus dans le commerce, je me propose d'en publier un prochainement qui contiendra

100,000 coups ; avec les 42,000 qui terminent mon premier ouvrage, le spéculateur aura suffisamment de quoi s'éclairer. C'est en donnant les moyens d'étudier la marche du jeu qu'on le moralisera en quelque sorte ; car celui qui a cherché et n'a pas trouvé le moyen de primer le droit de banque n'est pas tenté de risquer ses fonds de ce côté-là.

Je puis parler ici d'une lettre que m'a écrite un officier supérieur d'artillerie que je n'ai pas l'honneur de connaître, mais dont je m'empresserai d'accepter l'aimable invitation à mon premier voyage. Il me dit : « Depuis trois ans j'ai votre ouvrage ; je l'ai étudié à fond, et je me suis fait une marche par la réunion des quatre figures dont je vous donne le dessin. Pendant trois campagnes j'ai opéré de la même manière et gagné au delà de huit cents masses... Mon bénéfice aurait été plus fort si j'avais pu me me rendre à l'une des banques dont le droit est le moins élevé. » Puis viennent quelques questions auxquelles j'ai répondu immédiatement.

Je vais donner l'état par divisions d'une opération toute récente dans laquelle j'ai mis en marche toutes les figures de l'Échiquier précité. On remarquera que toutes les divisions gagnent, et j'ajouterai que dans le détail du travail, car mes relevés sont toujours inscrits carte par carte, il ne s'est pas trouvé un seul écart qui ait atteint cinquante. C'est que l'ensemble des figures moitié séries, moitié intermittentes, *ascendantes* dans leurs formes, pour devenir *ascensionnelles* pendant l'attaque, établissent une balance qui empêche toute perturbation. Depuis des années, mes études ont eu pour objet ce résultat, en même temps que j'avisais aux moyens de surmonter les obstacles qui m'ont si longtemps fatigué au tapis. Les longs séjours à l'étranger, les mille manières d'opérer avant d'avoir obvié aux difficultés d'application, tout cela coûte fort cher, comme il arrive dans toutes les recherches importantes ; mais le retour peut être prompt, et c'est cette confiance qui soutient, encourage et fait persévérer.

Les figures *ascendantes* sont formées de séries des deux couleurs ; elles dénotent que tout le jeu est en dominante. Les simples séries sont des figures *ascensionnelles*. Les premières sont beaucoup plus fortes et donnent un produit variable de trois à cinq fois plus élevé. L'attaque d'une simple série ne doit pas commencer avant qu'elle ait atteint le quatrième coup, et toujours pour le cinquième.—

Voir l'état très-développé dans mon *Traité du Trente Quarante*, page 89.

On ne doit attaquer la série de 3 qu'en raison de ce qui précède, parce que tantôt elle doit être jouée *ascensionnellement*, tantôt il faut attaquer *intermittemment*. c'est-à-dire pour qu'elle ne devienne pas 4. (Voir les figures dites Triolets, dans mon grand Échiquier.)

Dans une application régulière et importante, je pourrais, sans difficulté, mettre en marche toutes les figures du jeu, dont pas une ne se produit avant cinq cents coups de banque ; c'est là la force de ma méthode : mais ce qu'il fallait encore pour réduire les écarts, c'est une contre-partie de figures dont toutes n'apparaissent qu'après mille et deux mille coups de banque... Pour peu qu'on devance ces points de départ, les révolutions du jeu gagnent du champ et forcent à de plus ou moins grands dehors de caisse. Cependant je masse couramment de dix à à douze coups par taille des deux tableaux.

Pour remplir les conditions convenables d'une bonne mise en pratique de ma méthode, il me faut un aide pour le mouvement de l'argent, et c'est en raison de cela que

je pourrais donner suite aux propositions d'intervention
qui me sont faites si elles atteignaient le chiffre que je
désire ; autrement je marcherai seul.

On comprend que pour une compagnie qui aborderait
la banque avec 100,000 francs, tant de précautions ne
seraient pas nécessaires pour réussir. Sachant à quoi
s'en tenir sur les mesures à prendre pour pratiquer
telle ou telle méthode, il suffirait de bien établir la réserve. Mais j'ai dû raisonner et agir dans mes recherches
pour des opérations sur toutes sommes, et j'y suis parvenu.
— Que de joueurs isolés perdent lestement des sommes
considérables, quand ces capitaux pourraient être gran-
dement et sûrement utilisés, en opérant méthodiquement !
Mais on veut jouer : loin de les fuir, on se laisse fasciner
par des idées chimériques.

ÉTAT par divisions d'une opération toute récente dans laquelle sont mises en marche toutes les hautes figures d'un échiquier, dont le dessin sera mis sous les yeux des personnes qui accepteraient ma proposition de faire des parties de Trente-Quarante comme on fait des parties d'Échecs.

RECETTES.	DÉPENSES.	GAIN.	PERTE.	
600	553	47	»	»
922	783	139	»	»
988	909	79	»	»
998	837	161	»	»
1,004	881	123	»	»
1,019	856	163	»	»
1,108	944	164	»	»
584	554	30	»	»
762	650	112	»	»
762	658	104	»	»
8,747	7,625	1,122	»	»

Masses égales jouées.. 16,372   Avantage 1,122

Ôté pour le droit de banque............ 109

BÉNÉFICE NET...... 1,013

Les premiers travaux en applications analogues atteignent le chiffre de 80,000 masses, sans aucune pro-

gression, et donnent un produit de 5 à 6 p. 100. Il y a
eu quelques degrés plus ou moins élevés par l'étude con-
stante que je faisais sur le rapport des figures ; mais toujours l'avantage se fortifiait. Aujourd'hui, tout est fixé et
ne laisse rien à désirer qu'une application effective et
correcte.

Dans l'immense quantité de coups de banque qui ont
servi aux études ci-dessus, il s'en trouve de fortes parties
relevées à la Roulette ; car je n'ai jamais fait de différence
entre les deux jeux ; et, comme j'ai conservé toutes mes
cartes piquées, ce que j'annonce pourrait être reconnu en
tout point.

DE LA CONDUITE EN BANQUE

Un des principaux écueils dans l'application d'une méthode, c'est le défaut d'exactitude dans le massage. Il y a tant de sujets de distraction au salon, qu'il devient nécessaire de redoubler d'attention afin que le piqué d'un côté et la masse d'enjeu de l'autre soient bien conformes au mouvement du jeu ; autrement il s'ensuivrait un affaiblissement sensible dans le produit prétendu.

Chez certaines personnes, une erreur en appelle une autre. Lorsqu'elles s'aperçoivent qu'une masse vient d'être perdue quand, au contraire, elle aurait dû être gagnée, elles ne peuvent se contenir, et, pour réparer leur faute,

un coup d'inspiration leur semble bon... De là parfois
survient une série de pertes qui bouleverse toute l'entreprise. Il est fréquent d'entendre les joueurs se dépiter
contre eux-mêmes de manquer de patience et de fermeté
dans certains moments.

Si une méthode est bien étudiée, on doit donner toute
son attention, tous ses soins à son exécution ; ne point se
réjouir si la chance tourne aux gros produits, et surtout ne
pas s'émouvoir dans les moments contraires : savoir perdre tantôt lentement, tantôt coup sur coup, est la première
qualité d'un bon opérateur. Celui qui est sensible aux
émotions, qui se trouble en opérant, doit s'abstenir de
jouer, car il commettrait des erreurs parfois irrépara
bles en perdant à tort les plus fortes masses d'une pro
gression.

Quand on s'est bien rendu compte des révolutions que
présentent incessamment les coups de jeu dans leur répartition, et des écarts qui en résultent durant une grande
répétition des mêmes faits, on établit sa caisse de manière
à ce que, le plus fort engagement se répétant, elle soit encore en état de supporter pareil événement, c'est-à-dire

qu'il faut que l'encaisse soit au moins trois fois la représentation de la plus forte crise reconnue si on opère par progressions, et deux fois le plus grand engagement si on agit à masses égales. Les mesures ainsi prises, il n'y a plus qu'à marcher ferme.

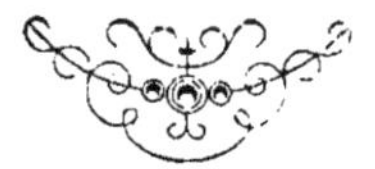

LISTE DES PAYS ET LIEUX

Où sont autorisées des Banques de jeu de Trente-Quarante et de Roulette

BELGIQUE...............	Spa..........	Trente-Quarante et Roulette	Refait plein — Deux Zéros.
DUCHÉ DE NASSAU.......	Wiesbalen....	Trente-Quarante et Roulette	Demi-refait — Un Zéro.
—	Ems..........	Trente-Quarante et Roulette	
PRÉS FRANCFORT/S/M....	Nauheim......	Trente-Quarante et Roulette	Quart refait — Un Zéro.
—	Hombourg.....	Trente-Quarante et Roulette	Demi-refait — Un Zéro.
GRAND-DUCHÉ DE BADE...	Bade.........	Trente-Quarante et Roulette	Refait plein — Deux Zéros.
PRÉS FRANCFORT/S/M....	Willemsbade..	Roulette	— Un Zéro.
PRÉS WALDECK..........	Wuildengen...	Trente-Quarante et Roulette	{ 6 h de 30-40. Roulette permanente. Quart de refait et Quart de Zéro. Minimum d'enjeu, 1 3 thaler (1 f. 25)
HANOVRE..............	Neudorf......	Roulette	— Deux Zéros.
—	Pyrmont......	Roulette	— Deux Zéros.
PRÉS HAMBOURG........	Heligoland...	Roulette	— Deux Zéros.
SUISSE (ROUTE D'ITALIE).	Saxon........	Trente-Quarante et Roulette	Refait plein — Deux Zéros.
—	Genève.......	Trente-Quarante..........	{ Refait plein — Séance de 2 à 5 h., et le soir de 8 à 2 h. du matin.
PRINCIPAUTÉ DE........	Monaco..... .	Trente-Quarante et Roulette	Deux Zéros.
BASSE-SAXE...........	Travemunde...	Roulette	Deux Zéros.

AUTRES JEUX AUTORISÉS

ITALIE...............	Loterie de 90 numéros.	HOLLANDE.............	Loterie d'immeubles.
AUTRICHE............	Loterie de 90 numéros.	CONFÉDÉRATION GERM..	Loterie d'immeubles.
	FRANCE......	Loteries de bienfaisance.	

DEUXIÉME PARTIE

Les tables de jeu sont oblongues, et d'ordinaire vingt personnes peuvent s'y asseoir,

La Roulette est placée au milieu, et le tableau ci-contre est imprimé en jaune sur un tapis vert, de chaque côté du cylindre.

Quatre employés font le service, à tour de rôle, de la Roulette.

Deux employés sont aux deux bouts de la table pour veiller au jeu.

TABLEAU DE LA ROULETTE

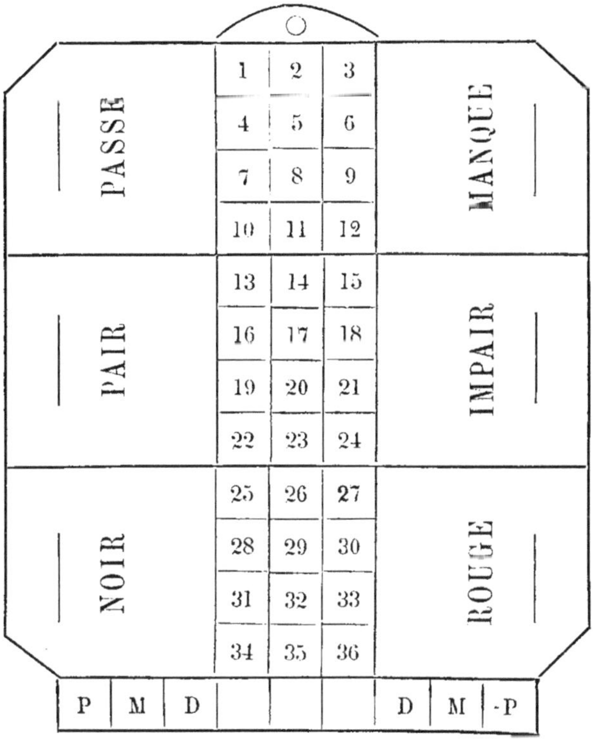

Voici la couleur des numéros de la Roulette.

Noirs.	Rouges.
2	1
4	3
6	5
8	7
10	9
11	12
13	14
15	16
17	18
20	19
22	21
24	23
26	25
28	27
29	30
31	32
33	34
35	36

ROULETTE. EXPLICATION

Le cylindre de la Roulette est divisé en 37 cases parfaitement égales : 36 sont occupées par les numéros 1 à 36 ; la 37ᵉ par le zéro ; 18 numéros sont noirs, 18 sont rouges et forment un des trois tableaux des chances simples.

Les numéros Pairs et Impairs forment le deuxième tableau ; Manque et Passe, le troisième. On appelle Manque les numéros 1 à 18 ; on appelle Passe les numéros 19 à à 36.

Les traits qui sont tracés sur les chances simples sont pour recevoir les masses jouées quand le zéro sort et sur lesquels ont les place aussitôt.

Au milieu des chances simples sont trois colonnes divisées en 36 carrés où sont inscrits les numéros du cylindre. Le zéro est placé en tête.

Sous chacune des trois colonnes est une case vide pour recevoir les masses jouées. On appelle Masse toute somme exposée sur le tapis.

A droite et à gauche des trois colonnes sont trois cases portant les lettres P, M, D, qui signifient : le P, les 12 numéros premiers ; l'M, les douze du milieu ; le D, les 12 derniers.

Une pièce jouée sur une des chances simples, si elle gagne, est payée d'une pièce d'égale valeur. On peut encore mettre une pièce à cheval sur deux chances, mais alors il faut que les deux chances gagnent pour être payé.

Quand le zéro vient, toute pièce placée sur. les chances simples est emprisonnée, c'est-à-dire placée sur le trait dont il a été parlé plus haut. Cependant le ponte (le joueur) est libre de demander la moitié de sa pièce, sinon il court la chance de la retirer telle quelle, ou de la perdre tout à fait au coup suivant.

Une pièce jouée sur un seul numéro est payée, si elle gagne, par trente-cinq pièces semblables, la première non comprise. — Si le zéro sort, le banquier enlève toutes les masses qui se trouvent sur les numéros, sur les colonnes et sur les douzaines.

Le zéro peut être joué comme tous les autres numéros.

On peut jouer les transversales de trois et de six numéros, en plaçant sa masse à cheval sur la ligne longitudinale qui sépare les numéros des chances simples. Si c'est pour trois numéros, la masse doit être posée juste à la hauteur des numéros ; si c'est pour six numéros, il faut également placer la masse sur la ligne longitudinale, mais au point d'intersection de la ligne horizontale qui sépare les deux transversales de trois.

Si on gagne la transversale de trois numéros, le banquier paye onze fois la masse jouée, celle-ci non comprise.

Si la transversale de six numéros gagne, elle est payée cinq fois la somme jouée, celle-ci non comprise.

Si on place sa masse sur les lignes horizontale et verticale, au milieu de quatre numéros, le banquier, si elle gagne, paye huit fois la valeur de la masse, celle-ci non comprise.

Enfin, si on a joué une colonne, ou une douzaine gagnante, le banquier paye le double de la masse.

On peut jouer deux colonnes ou deux douzaines, en plaçant sa masse à cheval ; mais si on gagne, on ne reçoit que moitié de la somme exposée.

La plus grande difficulté qui se présente lorsqu'on veut faire des études sur la marche des numéros de la Roulette est de trouver le moyen de se renseigner. Pour les chances simples, cela va tout seul : une certaine quantité de cartes piquées permet d'établir une méthode quelconque : on voit tout de suite les séries, les intermittences, les coups de 2, de 3, de 4, etc. ; mais comment inscrire les numéros de manière à les avoir tous et toujours sous les yeux, dans leurs positions respectives ? C'est ce que je n'ai jamais vu à aucune banque. Pourtant le moyen est bien simple, mais il fallait en avoir l'idée. Dans un temps, M. le baron X... faisait des études sur les numéros. Voyant que sa méthode de les inscrire ne pouvait lui donner la satisfaction qu'il désirait, je l'invitai à venir chez moi, je lui dictai une cinquantaine de numéros qu'il marqua sur le papier que j'avais préparé ; dès qu'il en comprit l'avantage qu'il en pourrait obtenir, il fit faire une petite mécanique à deux cylindres, sur lesquels s'enroulait le papier à mesure que les numéros l'exigeaient. Ce double cylindre n'est pas absolument nécessaire, on peut très-bien avoir devant soi en banque un papier assez grand pour inscrire trois à quatre cents numéros, ce qui fait une assez forte séance.

Afin que le spéculateur puisse facilement donner cours à ses études, je compte faire lithographier lés quarante tableaux portant seize mille numéros relevés à la Roulette et sur lesquels j'ai appliqué les marches que donne le présent ouvrage, ainsi que les états qu'elles ont produits. On pourra se les procurer chez le même éditeur. Mais chacun peut en faire un plus ou moins grand nombre avec des boules de Loto, en ayant soin de procéder correctement, ainsi que je l'explique plus loin.

Seul, j'inscris, d'après des chiffres, 400 sorties en trente-cinq minutes. A deux, par l'emploi des boules de Loto, moins de demi-heure suffit.

Manière de mettre en tableaux les numéros de la Roulette
dans leurs sorties exactes, et sur lesquels il est facile
de chercher divers usages de procéder pour obtenir des
résultats avantageux.

Il faut quadriller le papier en tirant des lignes horizon-
tales pour inscrire de haut en bas les 37 numéros. Chaque
carré représente dix positions dans lesquelles sont inscrits
les numéros au fur et à mesure de leur sortie. Ils sont représentés par des points. Voici les dix positions : Le trait indique le 10°. — Il ne peut
jamais y avoir de confusion, attendu que le
carré ne reçoit rarement que trois ou quatre répétitions.

Toutes les colonnes portent dix sorties, jamais plus, jamais moins, inscrites comme viennent les numéros, soit
qu'on agisse à la Roulette, soit qu'on opère chez soi avec
des boules de Loto.

Prenons la première colonne du tableau tracé ci-après:
nous voyons que le numéro 2 est venu le 1ᵉʳ ; le 31 est venu
le 2° ; — le zéro, le 3° : — le 32, le 4° ; — le 12, le 5° ; —le
zéro le 6° ; — le 7, le 7° ; — le 9, le 8° ; — le 21, le 9°, et

Modèle de Tableau pour inscrire les Numéros de la Roulette.

Les 30 colonnes donnent 300 Sorties dans leurs positions respectives.

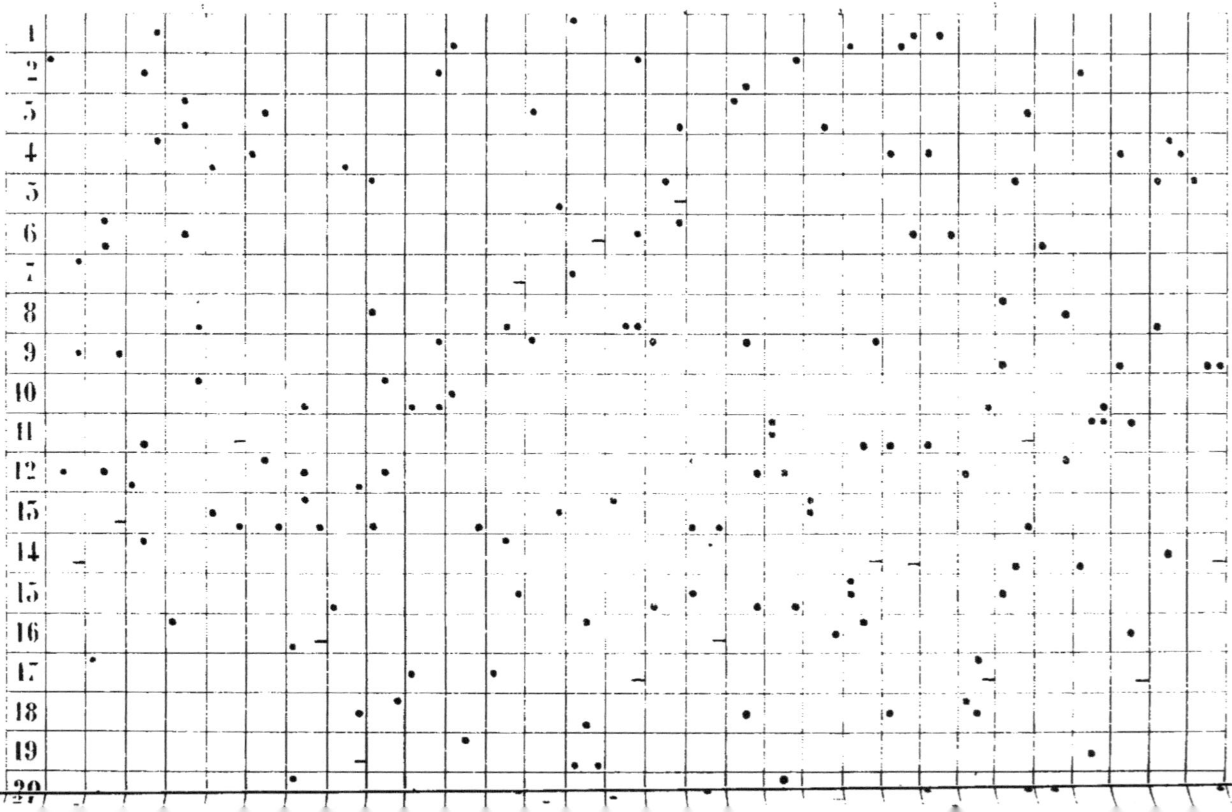

On voit qu'entre la 8ᵉ et la 23ᵉ colonne, le Nᵒ 4 n'est sorti qu'au 146ᵉ coup. —— Entre la 3ᵉ et la 19ᵉ colonne, le Nᵒ 11 n'est sorti qu'au 155ᵉ coup. —— Entre la 7ᵉ et la 26ᵉ colonne, le Nᵒ 24 n'est sorti qu'au 224ᵉ coup. Les six Numéros suivis de 17 à 22 ont été 50 coups sans paraître.

Dans un autre sens, le Nᵒ 10, entre la 9ᵉ et 11 colonnes, est sorti 4 fois en 19 coups. —— le Nᵒ 33, entre la 7 et la 10ᵉ colonne, est sorti 6 fois en 33 coups. —— le Nᵒ 36, entre la 25 et la 27ᵉ colonne, est sorti 4 fois, en 16 coups.

L'Observateur fera lui même d'autres remarques sur les Ambes, sur les transversales, &ᶜ &ᶜ

Pour opérer à la banque, on peut régler le papier en carré d'un tiers plus petit.

enfin le 14, le 10°, marqué d'un trait. Cela compris, rien n'est plus facile que de continuer ; et quand on a rempli une feuille de 40 colonnes, on a l'état exact de 400 numéros; et alors, d'un coup d'œil, on se rend compte de ce que cette période présente de particulier. Quand, après de bonnes études, on a formulé une méthode, on l'applique en banque sans difficulté.

Je vais donner les états des opérations que j'ai faites à Wiesbaden et expliquer les marches que j'ai appliquées. Pour trouver celles-ci j'on ai appliqué beaucoup d'autres, mais d'un produit inférieur, quoique significatif. Les états suivants, étant tirés des quarante tableaux que je me propose de faire lithographier, pourront donc être reconnus, et je garantis l'exactitude de mon travail.

OBSERVATIONS

Les personnes qui auraient besoin de quelques rensei
gnements pourront toujours m'écrire, et je m'empresserai
de les satisfaire. Adresser les lettres à l'éditeur, ou au
café de la Terrasse, boulevard Bonne-Nouvelle, où l'on
trouve mon *Manuel théorique et pratique du jeu de Dames*. Ce jeu prédispose l'esprit à l'étude des choses sérieu-
ses, aussi est-il permis dans les lycées et pensionnats.

J'ai établi la similitude entre les Dames, les Échecs et
le Trente-Quarante ; cependant les deux premiers sont des
jeux de pur agrément ; le dernier, au contraire, n'est
qu'un jeu d'argent. Pour être bien compris, ils exigent
une grande puissance de réflexion : autrement les Dames
ne sont plus qu'un jeu d'enfant et le Trente-Quarante
qu'un jeu de dupes auquel préside seul le hasard.

Comme beaucoup de personnes ne soupçonnent pas les

beautés et les difficultés que contient le Damier, elles s'é-
tonneront que la Bibliographie complète de tous les ouvrages connus en toutes les langues sur le Jeu de Dames,
par M. Alliey (Camille-Théodore-Frédéric), magistrat, pu-
bliée par M. Poirson, père, de Commercy, dans l'*Encyclopédie du jeu de Dames*, fournit une liste de trente et un
auteurs, dont 14 français, 6 espagnols, 5 anglais, 4 alle-
mands, 1 hollandais, 1 latin.

Elles s'étonneront bien autrement en lisant l'article suivant, extrait d'un des plus grands écrivains de ce siècle.
— «Je prends donc occasion de proclamer que la haute
puissance de la réflexion est bien plus activement et plus
profitablement mise en jeu par le modeste jeu de Dames
que par la laborieuse futilité des Échecs. Dans ces derniers, où les pièces sont douées de mouvements divers et
bizarres et représentent des valeurs diverses et variées, la
complexité est prise, — erreur fort commune, — pour
de la profondeur. L'attention y est puissamment mise en
jeu. Si elle se relâche d'un instant, on commet une erreur, d'où il résulte une perte ou une défaite.

« Comme les mouvements possibles sont momentané-

ment variés, mais inégaux en puissance, les chances de
pareilles erreurs sont très-multipliées, et, dans neuf cas
sur dix, c'est le joueur le plus attentif qui gagne, et non
pas le plus habile. Dans les Dames, au contraire, où le
mouvement est simple dans son espèce et ne subit que
peu de variations, les probabilités d'inadvertance sont
beaucoup moindres, et l'attention n'étant pas absolument
et entièrement exploitée, tous les avantages remportés
par chacun des joueurs ne peuvent être remportés que
par une perspicacité supérieure.

« EDGARD POE. »

A cette application des deux jeux rivaux on peut ajouter qu'une tête bien organisée peut, aux Échecs, exécuter une ou plusieurs parties de mémoire. Ainsi faisaient
MM. Philidor, de la Bourdonnaie, Kietzcriski, et aujour-
d'hui M. Morphy. — Sous ce rapport, le jeu de Dames
est inabordable : Philidor, qui excellait aux deux jeux,
voulut y essayer sa mémoire, mais au 15ᵉ temps il brouilla
les pions.

Le jeu de Dames a cela de particulier que contre une
première force on ne peut perdre ni gagner, car la partie

Qui-perd-gagne, comme la partie ordinaire, donne lieu à des combinaisons presque incroyables. On en trouvera des exemples dans deux ouvrages qui portent mon nom et que publie en ce moment l'éditeur Passard.

On sait que les Américains jouent fort bien les Dames et les Échecs.

Dans l'*Encyclopédie du jeu de Dames*, page 104, au sujet du Manuel dont je parle plus haut, on lit l'article suivant :

« Tout récemment, M. Grégoire, maître de première force, qui a eu le plaisir de jouer aux Dames avec Blonde, Lamontaigne et autres gens du plus grand mérite, a publié son *Nouveau manuel théorique et pratique du jeu de Dames*, *accompagné de* 206 *coups dessinés et lithographiés sur* 17 *cartons*. C'est une production charmante. Les trente premiers numéros sont des parties élémentaires, et, jusqu'au numéro 192, ils sont suivis d'autres parties où l'on trouve de grandes difficultés. Les douze derniers offrent pour la première fois la partie de *Qui-perd-gagne*. Les 205ᵉ et 206ᵉ coups, nommés les *contraires* et

dessinés sur l'étiquette du Manuel, sont réellement prodi-
gieux. »

Ce n'est donc pas sans connaissance de cause que je
compare le Trente-Quarante au Damier: les deux jeux
sont des sources de problèmes dont l'esprit de l'homme ne
peut résoudre qu'une partie; mais si, dans le premier,
par sa pénétration, par sa perspicacité, il fait pencher la
balance de son côté de 2 à 3 p. 100, cela suffit, au point
de vue spéculatif, pour répondre à son ambition.

Dans mon premier ouvrage sur le Trente-Quarante, je
dis, page 2 :

« En livrant au public de longues, coûteuses et pénibles études d'expériences, d'essais, d'applications, tels que
probablement il n'en a jamais été fait de semblables,
mon intention n'est pas de faire naître l'amour du jeu:
j'entends, au contraire, guérir ceux qui en sont atteints,
en leur mettant sous les yeux des faits considérables et
parfaitement exacts qui les éclaireront, sur le sens et la
manière de procéder, ou les engageront à renoncer à des
entreprises ruineuses, s'ils ne se sentent pas les qualités
nécessaires, indispensables, dans toute opération de ce

genre. » — Il faut laisser aux amateurs, aux impatients les entreprises par progressions, et se bien pénétrer qu'il n'y a rien à obtenir de la banque si on ne gagne pas plus de coups qu'elle. Y parvient-on, pourquoi jouer des progressions? Plus que jamais j'en suis là. Tant que le problème a dû m'occuper, la question d'argent n'a été pour moi que secondaire; maintenant que tout est réglé, il en sera autrement.

ROULETTE

Première étude donnée comme renseignement sur les numéros de la
Roulette

MARCHE. — Il faut 2 sorties en 10 coups, les sorties
en dedans, et on attaque 10 coups pleins. — On reprend
dès que 10 coups au moins séparent du coup gagné, et
s'il y a 2 sorties en 10.

UNITÉS GAGNÉES	UNITÉS PERDUES	UNITÉS GAGNÉES $\times$ 36	UNITÉS PERDUES $\times$ 10
17	61	612	610
23	72	828	720
26	65	936	650
20	72	720	720
17	69	612	690
24	79	864	790
22	76	792	760
27	80	972	800
29	78	1044	780
19	86	684	860
A REPORTER.		8,064	7,380

UNITÉS GAGNÉES	UNITÉS PERDUES	UNITÉS GAGNÉES ✕ 36	UNITÉS PERDUES ✕ 10
16	71	576	710
24	91	864	910
26	102	936	1020
30	104	1080	1040
19	77	684	770
17	53	612	530
15	57	540	570
15	50	540	500
15	53	540	530
20	57	720	570
17	62	612	620
24	77	864	770
8	51	288	510
14	55	504	550
15	58	540	580
19	67	684	670
19	61	684	610
11	61	396	610
		11,664	12,070
REPORT.		8,064	7,380
TOTAUX. .		19,728	19,450

Sur 19,450 coups joués, bénéfice net, 278 fr. = 1 1/2 0/0.

Quand je fais mes relevés, je marque les unités de gain et les unités de perte. Le relevé terminé, je multiplie les premières par 36 et les secondes par 10.

A défaut d'autre, cette marche ne serait pas mauvaise, mais elle donne des écarts assez vifs, parce qu'il y a un grand nombre de 2 sorties en 10 coups très-isolées.

Voir la marche suivante de même attaque, mais plus resserrée :

Deuxième Étude. — Sur la marche précédente modifiée.

Marche. — Après une distance de 10 à 30 coups blancs, il faut 2 sorties en 10 coups, et on attaque 10 coups pleins. — Si, après nouvelle distance de 10 à 30 coups, il se présente 2 sorties en 10 coups, attaquer 10 coups pleins, etc., etc.

COUPS GAGNÉS	COUPS PERDUS	COUPS GAGNÉS × 36		COUPS PERDUS × 10
7	34	252	88	340
10	36	360	»	360
17	34	612	272	340
7	33	252	78	330
5	31	180	130	310
9	31	324	14	310
11	30	396	96	300
16	33	576	246	330
14	28	504	224	280
	A REPORTER.	3,456		2,900

COUPS GAGNÉS	COUPS PERDUS	COUPS GAGNÉS ×36		COUPS PERDUS ×10
12	37	432	62	370
8	36	288	72	360
8	27	288	18	270
16	46	576	116	460
10	39	360	30	390
9	33	324	6	330
7	25	252	2	250
3	21	108	102	210
5	19	180	10	190
8	22	288	68	220
10	28	360	80	280
9	27	324	54	270
14	30	504	204	300
6	25	216	34	250
7	25	252	2	250
5	28	180	100	280
		4,932		4,680
REPORT. . . .		3,456		2,900
A REPORTER. .		8,388		7,580

COUPS GAGNÉS	COUPS PERDUS	COUPS GAGNÉS × 36		COUPS PERDUS × 10
12	28	432	152	280
8	25	288	38	250
9	34	324	16	340
17	52	612	92	520
9	51	324	186	510
11	46	396	64	460
10	48	360	120	480
13	45	468	18	450
9	31	324	14	310
10	33	360	30	330
7	40	252	148	400
11	39	396		390
		4,536		4,720
	REPORT. . . .	8,388		7,580
	TOTAUX. . . .	12,924		12,300

Sur 12,300 coups joués, bénéfice net, 624 masses = 5 0, 0.

Les nombres portés dans l'intérieur des colonnes montrent le mouvement de l'argent. Ces résultats sont tirés des 40 tableaux que je compte faire lithographier ; il sera facile de les reconnaître.

On voit que le produit ici est plus fort que dans la précédente marche, parce que les 2 sorties en 10 coups ne sont pas aussi isolées.

Troisième Etude. — Sur les extraits.

MARCHE. — Il faut qu'en 20 coups le même numéro soit sorti trois fois ; alors, aussitôt on joue 12 coups, et l'on s'arrête s'il n'est rien venu. Mais si on a gagné, on regarde si les trois dernières sorties, celle gagnée comprise, se trouvent en 20 coups. Si oui, on continue de jouer le même numéro encore 12 coups ; s'il revient avant l'échéance des 12 coups, on continue encore, etc., etc.

RECETTES	DÉPENSES	RECETTES	DÉPENSES
360	306	3,851	3,513
468	381	612	458
611	528	468	460
432	366	252	315
504	510	540	503
576	529	324	369
504	485	468	534
396	408	432	438
3,851	3,513	6,947	6,590

RECETTES	DÉPENSES	RECETTES	DÉPENSES
6,947	6,590	10,863	10,429
396	359	468	370
432	389	288	394
208	256	432	435
612	589	720	649
360	323	900	673
396	351	253	480
432	376	684	499
468	387	648	507
144	225	576	424
180	274	612	465
288	310	288	441
10,843	10,429	16,732	15,766

Avantage net, 966 = 6 0 0

Observation. — On voit que, de même qu'aux chances simples, les numéros doivent être joués en dominante. La difficulté est de bien préciser une marche et d'en faire le plus longuement possible l'application, afin de pouvoir juger le capital nécessaire pour aller à la banque et agir avec fermeté.

Le spéculateur pourra faire des tableaux en telle quantité qu'il le croira utile ; et il est certain qu'il fera de nouvelles recherches, la chose en valant bien la peine.

Cette marche, par la manière dont sont répartis les gains et les pertes, doit inspirer confiance.

Etude sur les ambes d'après la marche suivante

———

A partir de 90 coups blancs, c'est-à-dire sans sortie, avant deux numéros accolés, qui n'en font qu'un, on joue 12 coups dès que l'un des deux est sorti. Si on gagne, on continue 12 coups, et tant que les 12 coups ne sont pas épuisés.

(Il ne faut jamais attaquer un retardataire avant qu'il ne soit sorti une ou plusieurs fois ; cela s'applique aux Extraits, aux Ambes et aux Transversales.)

RECETTES		DÉPENSES	RECETTES		DÉPENSES
234	60	174	1,368		1,168
162	10	172	180	2	182
234	90	144	288	148	140
234	53	181	216	26	190
126	22	104	252	80	172
216	25	191	198	15	183
162	40	202	54	88	142
1,368		1,168	2,556		2,177

RECETTES		DÉPENSES	RECETTES		DÉPENSES
2,556		2,177	3,476		3,109
90	54	144	360	76	284
344	44	300	126	33	159
378	2	376	162	3	159
108	4	112	252	81	171
3,476		3,109	4,376		3,882

Avantage net, 494 = 12 0 0

Observations. — En jouant, effectivement on sera obligé de mettre une masse sur chaque numéro, parce que autrement on manquerait le tiers des ambes, attendu que le 3 et le 4, par exemple, ne peuvent être joués d'une pièce à cheval, et ainsi de 6 et 7, 9 et 10, etc.

Le présent état est supposé joué toujours une masse à cheval sur deux numéros.

Il faut remarquer que les douze premiers postes sont très chargés en produit, tandis que les neuf derniers ne le sont guère, ce qui indique l'utilité de continuer et doubler au moins l'expérience.

L'état présent ne montre pas d'écart, mais dans le cours du jeu il y a eu des lenteurs. J'ai vu la représentation de deux journées d'application en banque sans avoir eu une seule fois l'occasion d'attaquer.

Peu importe; l'essentiel est que la méthode produise. D'ailleurs à cette marche on peut en joindre une autre sur l'extrait, ou toute autre que le spéculateur aura su découvrir.

Comme toutes ces études sont faites sur les 40 tableaux que je produirai et que les numéros ont été relevés à la Roulette, on peut être certain que les résultats sont le produit sincère du jeu, ce qui toutefois ne doit pas empêcher le spéculateur sérieux de multiplier les expériences.

Petite application effective aux chances simples de la Roulette.

———

Avant de m'attabler à la Roulette pour les observations qui m'étaient nécessaires au sujet du présent ouvrage, j'ai tenu une note exacte du mouvement de mes masses jouées et de la manière dont s'est produit le zéro dans chaque séance ; on le voit dans la 1re colonne.

Les deux suivantes donnent le résultat Gain et Perte.

Comme j'avais souvent à prendre note de mes observations, j'adoptai une marche facile, et d'ailleurs je ne jouais que le florin aux chances simples. Mon but, en donnant cet état, est de faire ressortir la violence de certains écarts sur les jeux par progression. Ici, en 5,733 masses que j'ai jouées, j'aurais dû en avoir 156 de touchées par le zéro, et il y en a eu 183 : 27 de trop. Nul doute qu'à la longue ces différences disparaissent, mais, en attendant, quelle perturbation cela jette dans l'encaisse de l'opérateur !

Une autre fois, en moins de quatre heures, j'eus 24 masses touchées par le zéro.

Pour l'emporter sensiblement à la Roulette, il faut un Échiquier très-élevé.

1860	DATE	MASSE	ZÉRO	RÉSULTAT NET	
				RECETTE	DÉPENSE
Septembre	7	1er	3	25	»
	8	1	11	1	»
	9	1	8	»	19
	10	1	21	9	»
	11	1	10	7	»
	12	1	10	»	2
	13	1	8	14	»
	14	1	15	25	»
	15	1	1	19	»
	16	1	9	»	»
	17	1	8	»	27
	18	1	9	4	»
	19	1	7	9	»
	20	1	8.	10	»
A REPORTER			128	123	48

1860	DATE	MASSE	ZÉRO	RÉSULTAT NET	
				RECETTE	DÉPENSE
REPORT. .			128	123	48
Septembre.	21	1 ½	7	»	22
	22	1	4	23	»
	23	1	7	»	17
	24	1	16	38	»
	25	1	11	»	30
	26	1	10	»	20
	27	1	»	11	»
			183	195	137

Avantage sur 5733 masses jouées. 58
Ici le zéro a enlevé 91 masses 1/2.—Au Trente-
Quarante il y aurait eu économie de 46

Et un bénéfice de. 104

Pour cette petite application de circonstance, j'adoptai un Échiquier de figures abondantes, mais faciles à saisir. Pour le Trente-Quarante, mon Échiquier est moins vif, le produit plus élevé, et les écarts presque nuls.

Méthode pour les chances simples, Roulette et Trente-Quarante.

———

A une époque assez reculée, je fis avec M. P..., à Hombourg, une opération considérable sur les coups doubles 2-2 et 2-3 attaqués à fond. Nous avions fait préalablement une expérience de 30,000 masses égales sur des cartes piquées que je le priai de fournir lui-même. Le résultat donna 222 masses net de bénéfice. L'affaire fut arrêtée avant le terme fixé entre nous, pour cause d'accident qui l'obligea de partir subitement, et juste au moment où venait de se produire un écart fort vif ; néanmoins, malgré près de 3,000 fr. payés pour le Refait, car en 25 jours il fut massé 40,000 pièces d'or de 5 florins, il resta un léger bénéfice. Comme tout se passa à masses égales, il ne pouvait être mis en doute que cette marche n'eût du bon et ne permît d'arriver à mieux par une étude plus approfondie. Par exemple : au lieu de poursuivre à fond, n'attaquer qu'une fois, perte ou gain ; — ou bien tenir à ce que la figure 2 ne fût pas sous intermittence ; — puis encore n'attaquer que lorsque la figure est formée d'un 2 devant une série de 3 au plus.

Dernièrement, pendant mon séjour à Wiesbaden, je suis revenu sur l'opération ci-dessus, et voici la marche que j'ai modifiée et adoptée dans l'application dont je donne l'état ci-après :

Marche et dessin des figures à jouer.

La carte est piquée de gauche à droite, de deux en deux colonnes des deux tableaux.

Le + signifie gain ; le — signifie perte.

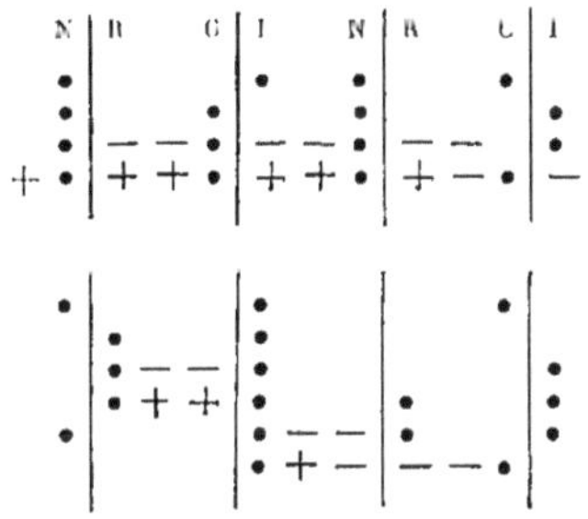

Les coups de 2 commençant ensemble ne comptent pas ; il faut un coup de 2 en regard d'une série de 3 ou plus. L'attaque est toujours double, fréquemment triple, et parfois quadruple.

Dans le premier dessin, les quatre colonnes présentent

deux coups de 2 et deux séries de 3. Comme toutes les colonnes donnent à jouer, il faut bien mettre deux masses sur chacune : ainsi le premier coup a fait jouer 2 masses sur noir et 2 sur couleur ; le second coup a fait également jouer 2 masses sur noir et 2 sur inverse, parce que cette dernière colonne va avec la première, et et que celle-ci va avec la deuxième, etc.

Dans le second dessin, la première colonne va avec la seconde, mais non avec la dernière, parce que ce sont deux coups de 2. — Après avoir joué et gagné sur les deux premières colonnes, on joue une seule masse sur la deuxième colonne, parce qu'elle va avec la troisième. — Le coup suivant, on joue 2 masses sur la troisième colonne, parce qu'elle va avec la deuxième et avec la quatrième : sur ce dernier coup on perd 3 masses : 2 sur rouge et 1 sur couleur.

Application de la Méthode ci-dessus en 18 divisions

AFIN DE BIEN JUGER LE MOUVEMENT DE L'ARGENT

				MASSES JOUÉES	GAIN	PERTE
En	16	cartes de	6 tailles	980	7	»
	16	»	6 »	876	92	»
	14	»	6 »	844	80	»
	21	»	8 »	1,850	35	»
	20	»	6 »	1,260	97	»
	20	»	6 »	1,300	53	»
	20	»	6 »	1,280	»	»
	15	»	8 »	1,296	»	21
	15	»	8 »	1,208	83	»
	17	portant	120 »	1,200	48	»
	15	»	8 »	1,072	»	63
	20	»	6 »	1,160	40	»
	20	»	6 »	1,136	112	»
	20	»	6 »	1,200	8	.»
	20	»	7 »	1,124	38	»
A REPORTER.				17,792	693	84

	MASSES JOUÉES	GAIN	PERTE
REPORT.	17,792	693	84
En 20 cartes de 6 tailles	1,288	»	9
20 » 6 »	1,244	30	»
20 » 6 »	1,336	»	21
	21,660	723	114
OTER. . .	114		
BÉNÉFICE NET.	$609 = 2\ 3/4\ ^0/_0$		

Observations. — Le Refait a été déduit sur chaque division. A raison de 24 tailles par journée, on aurait obtenu ce résultat en trois mois ; mais comme on aurait pu élever la masse courante en raison du bénéfice, le produit aurait été double.

Cette marche paraît d'abord compliquée, mais, une fois comprise, rien n'est plus simple et plus facile à jouer.

Chances simples

ÉTAT *d'application des figures dites œillets dans leurs diverses dispositions, sous série 3 à 6, et dont les dessins suivent. Chaque carte porte un numéro d'ordre.*

La Recette et la Dépense sont marquées carte par carte, afin de bien juger le mouvement des masses et des écarts, savoir :

CARTE	RECETTE	DÉPENSE	RÉSULTAT	
1	16	12	4	
2	17	14	3	
3	22	14	8	
4	16	13	3	
5	27	15	12	
6	19	18	1	
7	12	19		7
8	12	14		2
9	14	10	4	
10	5	16		11
11	11	11	»	»
12	4	11		7
A REPORTER. .	175	167		

CASE	RECETTE	DÉPENSE	RÉSULTAT	
REPORT..	175	167		
13	11	11	»	»
14	14	10	4	
15	10	11		1
16	11	9	2	
17	19	13	6	
18	15	11	4	
19	12	15		3
20	21	7	14	
21	8	6	2	
22	20	6	14	
23	21	9	12	
24	11	13		2
25	9	12		3
26	9	14		5
27	12	10	2	
28	11	6	5	
29	9	14		5
30	8	8	»	»
31	10	7	3	
A REPORTER..	416	359		

CARTE	RECETTE	DÉPENSE	RÉSULTAT	
REPORT..	416	359		
32	24	8	16	
33	12	13		1
34	11	13		2
35	14	15		1
36	9	12		3
37	16	8	8	
38	16	10	6	
39	17	11	6	
40	15	6	9	
41	15	15	»	»
42	14	7	7	
43	15	13	2	
44	18	11	7	
45	19	11	8	
46	18	5	13	
47	8	12		4
48	17	15	2	
49	13	10	3	
50	13	11	2	
A REPORTER..	700	565		

CARTE	RECETTE	DÉPENSE	RÉSULTAT	
REPORT..	700	565		
51	11	16		5
52	9	14		5
53	8	14		6
54	7	12		5
55	11	17		6
56	23	19	4	
57	16	20		4
58	13	10	3	
59	12	15		3
60	19	10	9	
61	16	13	3	
62	16	15	1	
63	8	12		4
64	19	12	7	
65	15	14	1	
66	10	9	1	
67	17	15	2	
68	9	12		3
69	26	17	9	
A REPORTER..	965	831		

CARTE	RECETTE	DÉPENSE	RÉSULTAT	
REPORT..	965	831		
70	16	13	3	
71	10	13		3
72	15	17		2
73	19	13	6	
74	24	9	15	
75	11	16		5
76	18	13	5	
77	15	19		4
78	16	15	1	
79	11	14		3
80	27	19	8	
81	18	19		1
82	21	17	4	
83	15	13	2	
84	15	14	1	
85	15	14	1	
86	14	13	1	
87	12	14		2
88	12	16		4
A REPORTER..	1,269	1,112		

CARTE	RECETTE	DÉPENSE	RÉSULTAT	
REPORT..	1,269	1,142		
89	12	20		8
90	14	9	5	
91	10	21		11
92	18	15	3	
93	12	17		5
94	7	17		10
95	13	10	3	
96	12	15		3
97	24	18	6	
98	9	15		6
99	15	19		4
100	18	9	9	
101	21	10	11	
102	9	10		1
103	13	10	3	
104	9	7	2	
105	13	14		1
106	11	8	3	
107	8	10		2
A REPORTER..	1,517	1,366		

CARTE	RECETTE	DÉPENSE	RÉSULTAT	
REPORT..	1,517	1,366		
108	7	9		2
109	21	11	10	
110	11	9	2	
111	14	8	6	
112	20	10	10	
113	12	7	5	
114	11	10	1	
115	17	13	4	
116	17	6	11	
117	12	13		1
118	4	13		9
119	16	11	5	
120	5	12		7
121	17	12	5	
122	12	9	3	
123	11	16		5
124	9	16		7
125	15	8	7	
126	11	10	1	
A REPORTER..	1,759	1,569		

CARTE	RECETTE	DÉPENSE	RÉSULTAT	
REPORT..	1,759	1,569		
127	10	11		1
128	11	9	2	
129	12	9	3	
130	12	10	2	
131	9	9	»	»
132	9	10		1
133	11	9	2	
134	13	6	7	
135	13	14		1
136	15	7	8	
137	9	13		4
138	13	7	6	
139	9	12		3
140	9	15		6
141	17	7	10	
142	14	10	4	
143	14	8	6	
144	12	13		1
145	6	16		10
A REPORTER..	1,977	1,764		

CARTE	RECETTE	DÉPENSE	RÉSULTAT	
REPORT..	1,977	1,764		
146	10	8	2	
147	6	13		7
148	18	5	13	
149	7	17		10
150	15	12	3	
151	10	14		4
152	12	11	1	
153	14	15		1
154	16	14	2	
155	16	8	8	
156	11	12		1
157	14	11	3	
158	11	17		6
159	12	13		1
160	5	6		1
161	7	9		2
162	9	11		2
163	4	11		7
164	14	11	3	
A REPORTER..	2,188	1,982		

CARTE	RECETTE	DÉPENSE	RÉSULTAT	
REPORT..	2,188	1,982		
165	14	14	»	»
166	12	6	6	
167	9	13		4
168	17	16	1	
169	14	15		1
170	11	15		4
171	8	10		2
	2,273	2,071		
	2,071			
	4,344	Avantage... 202		
		Oter p' droit. 30		
		Bénéfice net. 172 masses. $= \frac{3}{4}$ 0/0		

Dessin des figures dites œillets joués tant que l'œillet se répète

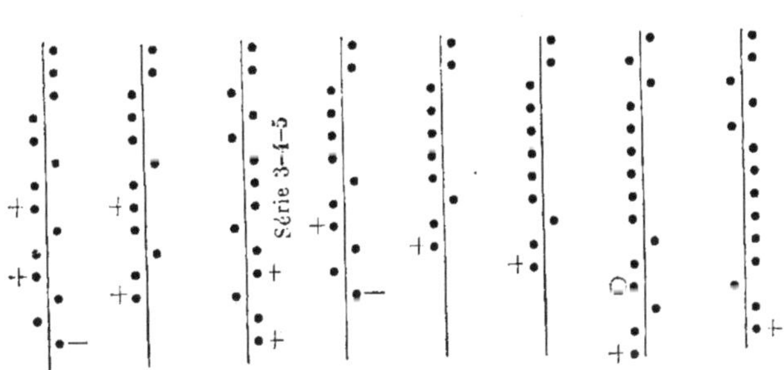

Tous les coups de 2 ou 3 qui sont en tête peuvent être des séries de 4, 5, et plus, sans rien changer à l'attaque. — La série 6, sous-intermittences paires, ne fait attaquer que le deuxième œillet et suivants.

APPLICATION des figures tirées de mon grand Échiquier. Ces figures sont très-nombreuses et exigent une grande attention en banque; mais chaque spéculateur peut en choisir un certain nombre, en ayant soin que toutes soient formées d'au moins neuf coups de banque, afin que, leurs apparitions étant égales. les écarts se trouvent essentiellement réduits: savoir :

Nᵒˢ D'ORDRE	RECETTE	DÉPENSE	GAIN	PERTE
1	35	30	5	
2	31	24	7	
3	26	40		14
4	35	37		2
5	58	36	22	
6	52	33	19	
7	42	45		3
8	42	40	2	
9	37	29	8	
10	49	43	6	
11	35	35	»	»
12	38	38	»	»
13	36	38		2
A REPORTER..	516	468		

Nᵒˢ D'ORDRE	RECETTE	DÉPENSE	GAIN	PERTE
REPORT..	516	468		
14	51	45	6	
15	33	40		7
16	52	40	12	
17	42	37	5	
18	42	37	5	
19	38	34	4	
20	33	34		1
21	51	40	11	
22	33	22	11	
23	47	34	13	
24	40	39	1	
25	57	45	12	
26	54	39	15	
27	43	45		2
28	43	42	1	
29	24	19	5	
30	72	43	29	
31	51	32	19	
32	39	43		4
A REPORTER..	1,361	1,178		

Nᵒˢ D'ORDRE	RECETTE	DÉPENSE	GAIN	PERTE
REPORT..	1,361	1,178		
33	37	47		10
34	47 .	40	7	
35	42	30	12	
36	35	41		6
37	41	41	»	»
38	27	23	4	
39	48	42	6	
40	49	43	6	
41	66	55	11	
42	52	44	8	
43	55	51	4	
44	40	46		6
45	43	41	2	
46	46	45	1	
47	38	33	5	
48	42	42	»	»
49	46	39	7	
50	42	34	8	
51	49	52		3
A REPORTER..	2,206	1,967		

Nᵒˢ D'ORDRE	RECETTE	DÉPENSE	GAIN	PERTE
REPORT..	2,206	1,967		
52	44	41	3	
53	46	42	4	
54	49	41	8	
55	28	45		17
56	65	50	15	
57	62	49	13	
58	52	46	6	
59	50	48	2	
60	39	20	19	
61	24	13	11	
62	9	13		4
63	47	48		1
64	65	54	11	
65	49	36	13	
66	41	34	7	
67	77	56	21	
68	54	46	8	
69	41	50		9
70	77	50	27	
A REPORTER..	3,125	2,749		

Nᵒˢ D'ORDRE	RECETTE	DÉPENSE	GAIN	PERTE
REPORT..	3,125	2,749		
71	61	38	23	
72	47	38	9	
73	46	39	7	
74	48	46	2	
75	45	42	3	
76	42	46		4
77	46	35	11	
78	38	39		1
79	63	45	18	
80	32	39		7
81	48	41	7	
82	57	46	11	
83	70	47	23	
84	51	41	10	
85	37	39		2
86	44	46		2
87	47	44	3	
88	43	38	5	
89	51	52		1
A REPORTER..	4,041	3,550		

N⁰ D'ORDRE	RECETTE	DÉPENSE	GAIN	PERTE
REPORT..	4,041	3,550		
90	39	47		8
91	25	47		22
92	56	44	12	
93	52	41	11	
94	54	42	12	
95	45	46		1
96	36	30	6	
97	36	24	12	
98	44	31	13	
99	74	51	23	
100	42	49		7
101	53	39	14	
102	41	46		5
103	41	35	6	
104	55	45	10	
105	40	34	6	
106	44	40	4	
107	58	49	9	
108	49	48	1	
A REPORTER..	4,925	4,338		

Nᵒˢ D'ORDRE	RECETTE	DÉPENSE	GAIN	PERTE
REPORT..	4,925	4,338		
109	55	37	18	
110	31	34		3
111	60	45	15	
112	50	36	14	
113	51	36	15	
114	69	37	32	
115	40	38	2	
116	46	32	14	
117	50	38	12	
118	39	47		8
119	50	48	2	
120	55	43	12	
121	56	44	12	
122	33	47		14
123	49	48	1	
124	64	42	22	
125	48	50		2
126	49	44	5	
127	52	42	10	
A REPORTER..	5,872	5,126		

Nᵒˢ D'ORDRE	RECETTE	DÉPENSE	GAIN	PERTE
REPORT..	5,872	5,126		
128	51	40	11	
129	48	40	8	
130	58	40	18	
131	67	48	19	
132	79	54	25	
133	66	42	24	
134	38	43		5
135	55	45	10	
136	48	40	8	
137	60	51	9	
138	43	43	»	»
139	51	48	3	
140	49	43	6	
141	44	50		6
	6,629	5,753		
	5,753			

MASSES JOUÉES.. 12,482   Avantage. 876

Oter pour droit. 83

Bénéfice net. 793 = 6 1/3 0/0.

On doit remarquer que cette opération, importante en raison de l'élévation de l'Échiquier, ne présente aucune perturbation ; les écarts n'ont pas dépassé une quarantaine de masses, en comprenant le cours de la carte qui précède et celui de celle qui suit les **27** masses de perte, auxquelles il faut en ajouter 6 pour le droit de banque.

Le spéculateur n'a qu'à bien observer la balance des figures qu'il croit pouvoir mettre en marche sans difficulté, en tenant compte de ce qui est dit en tête de cette opération ; de ce moment il peut être certain, en tenant ferme son application, d'obtenir de bons résultats.

Dernières observations.

—

La question du jeu est si brûlante que l'on ne saurait trop mettre en garde ceux qui s'en occupent contre certaines erreurs commises dans les études, et dont les conséquences sont parfois fort graves lors des applications en banque. Dans mon *Traité du Trente-Quarante*, chapitre V, page 64, j'en signale un certain nombre.

Comme il n'est pas douteux que les spéculateurs sérieux, si leurs vues se portent sur les numéros de la Roulette, voudront multiplier les tableaux et répéter les expériences dont je donne les états, et qu'à défaut de Roulette ils devront se servir de boules de Loto, ce qui revient au même si l'opération est bien faite, je crois, à ce sujet, devoir leur recommander de se servir d'un bol de préférence au sac ordinaire. Dans le bol, un tour de main mêle mieux les boules que dans le sac. Il faut que la personne chargée de nommer les numéros ne prenne *jamais* qu'une *seule* boule, et mêle chaque fois le *tout* ; car en prenant deux ou trois boules d'un coup on porterait atteinte aux répétitions, qui jouent un grand rôle dans le mouvement du jeu. Il est en outre nécessaire que les boules soient parfaitement égales.

Toutes les études étant terminées, toutes les difficultés théoriques et pratiques étant levées, si quelqu'un, redoutant le travail d'application, préférait intervenir et s'entendre avec l'auteur, il est invité à lui écrire, 104, rue des Dames-Batignolles.

Si, préalablement, on demandait à faire des parties de Trente-Quarante à la manière des Échecs, comme il est proposé dans cet ouvrage, il suffirait de peu de séances pour éclairer complétement sur la puissance de la méthode, puisque la masse est toujours égale. — On conçoit d'après cela que la solution du problème ait pris bien des années d'étude. Ces sortes de recherches poursuivies de degré en degré exigent des travaux presque surhumains.

# CONCLUSION

CONCLUSION

Le gouvernement, que le mot jeu offusque, prohibe les établissement du plus grand luxe, les banques de Trente-Quarante et de Roulette, où chaque année se rendent en foule les riches étrangers. En cela ne cède-t-il pas à un préjugé ? Non-seulement le commerce, les arts, les théâtres, si lourdement imposés, sont privés des grands avantages qu'ils retireraient du long séjour de nombreuses et riches familles dans Paris, mais cela n'empêche pas les Français de s'éloigner et d'aller jouer pendant la belle saison, sous prétexte d'aller prendre les eaux : ce qui cause un double dommage au commerce de détail, dans les grands quartiers surtout. Cela n'empêche pas que le jeu ne soit porté très-haut dans les cercles et autres lieux ; et la capitale perd annuellement un surcroît de circulation de plus de deux cent millions de francs... un bénéfice net de soixante millions au moins pour la ville et le commerce.

Soixante millions sont quelque chose assurément ; mais un avantage plus important peut-être, qu'il n'est pas besoin de déduire, ressortirait pour le pays...

Le jeu étant une des plus importantes questions sociales, puisque tout le monde à peu près joue, et depuis combien de siècles ! pourquoi ne pas aborder hardiment cette question et charger une commission de la tirer au clair ? En est-il beaucoup qui méritent au même degré d'éveiller les sollicitudes du pouvoir ? Supposons que la commission chargée de ce soin fasse son rapport et déclare que d'examens très-approfondis il ressort que les jeux dits de hasard, Roulette et Trente-Quarante, ne diffèrent en rien des Échecs et des Dames ; que la manière de les combiner est exactement la même que pour ces derniers ; qu'en vain a-t-on cherché à résoudre le problème mathématiquement ; que l'esprit de combinaison est seul maître de la question. Ne semble-t-il pas qu'il n'y aurait plus de raison de prohiber les banques régulières, offrant toute garantie de loyauté, et où, d'ailleurs, ne seraient admis que les hommes d'une condition indépendante ? On soumettrait ces établissements à des règlements étudiés, afin de prévenir tout tripotage et d'empêcher rigoureusement

que la moindre somme soit tenue sur parole, abus odieux,
cause de ruine et de déshonneur. Aussitôt cesseraient ces
jeux effrénés qui ont lieu dans les cercles et dans quelques banques clandestines où tout se passe sans contrôle.
Ainsi se trouverait réalisée et constatée la prédiction de
Napoléon Ier refusant de supprimer les jeux qui, dans sa
pensée, finiraient par être vaincus et mis au niveau des
jeux réguliers et positifs.

La Commission pourrait même être autorisée à publier
les moyens qui auraient été employés sous ses yeux pour
dominer le droit de banque.

Il ne faut pas croire que, les choses se passant ainsi,
les nouveaux cercles manqueraient de directeurs. Non,
certainement; car, tout en reconnaissant la possibilité de
primer le droit, ils diraient : la Règle et l'homme sont
deux. D'ailleurs, s'il se rencontrait un spéculateur sérieux,
son intérêt lui commanderait de ne faire que des levées
raisonnées. — D'abord, beaucoup de gens riches jouent
sans prétention, ne s'assujettissent à aucune règle et ne
perdent que leur superflu. D'autres, mieux intentionnés,
manquent d'aptitude ; car ce qui est possible peut n'être
pas facile... On trouve partout d'excellentes grammaires,

combien de Français parlent et écrivent parfaitement?
j'entends ceux qui ont passé des années à étudier leur
langue! Pour en juger, ne suffirait-il pas de voir de
quelle façon s'arrangent journellement certains écrivains? Comptez les jolies phrases qu'a coupées de son fin
rasoir maître Figaro. Une faute de français ne coûte pas
même un bec de plume, mais en banque une erreur
peut coûter fort cher, et c'est sur quoi compteraient les
banquiers.

Les directeurs gagneraient moins, c'est probable ;
mais la ville gagnerait beaucoup ; et Paris, où les frais
généraux deviennent de plus en plus considérables, a
besoin d'une grande circulation de numéraire. A coup
sûr, ce grand mouvement d'argent serait plus efficace
contre la misère que ces appels de secours si multipliés
et malheureusement trop nécessaires. Les lettres et les
arts seraient plus honorablement et infiniment mieux
servis que par des souscriptions toujours insuffisantes.

La ville retirerait tant d'avantages, sous tous les rapports, du va-et-vient incessantdes classes opulentes, qu'elle
devrait faciliter le plus possible l'entreprise générale des
nouveaux cercles, tout en fixant, néanmoins, très-bas le

droit de banque, et en modérant le maximum des Enjeux ; car il ne s'agirait pas d'attirer les étrangers dans
le but de bénéficier sur le jeu, mais uniquement de leur
offrir le plaisir qu'ils recherchent, et de les engager à
prolonger leur séjour ou fixer leur résidence dans la capitale. Dans l'intérêt des familles, les Cercles donneraient
fréquemment des fêtes, bals, concerts, etc., etc. — La
France étant riche en eaux thermales, l'administration
pourrait être autorisée à établir en été des succursales
dans certaines localités, et invariablement aux mêmes
conditions que dans les établissements de la capitale.

Parlera-t-on de morale ? Est-ce que toutes les dispositions qui précèdent ne tendent pas à moraliser en quelque sorte le gros mot *jeu* ? L'étude exclut toute passion
mauvaise ; celui qui étudie en vue de spéculation ne saurait être joueur.

Eh bien, voyons un peu : sont-elles bien morales, ces
loteries dites de bienfaisance, que les riches délaissent
(la preuve en est que jamais le tirage de ces loteries n'a
lieu au premier jour fixé, mais seulement après trois ou
quatre remises), et qui n'atteignent que les classes labo-
rieuses? je dis *n'atteignent,* par la raison que sur un mil-

lion de billets d'un franc, plus des trois quarts sont achetés par des domestiques, par des ouvriers, surtout par
les jeunes ouvrières, qui ne voient que le but : le gros lot
et un mari, ne se doutant pas, les pauvres filles, que le
franc qu'elles ont prélevé sur leur nourriture d'une semaine, une fois transformé en un billet de loterie, n'a
plus qu'une valeur de *dix* centimes... Il résulte de ces
loteries que c'est principalement le pauvre qui fait acte
de bienfaisance. — Est-ce bien moral ? Je ne puis le
croire.

Je sais un atelier peuplé de nombreuses et jeunes ouvrières. — 29 d'entre elles eurent la pensée d'acheter
autant de billets de loterie. En 29 billets il y avait certes à
parier pour le gros lot ? Mais à qui la fortune le destinait-
elle? C'était une grosse question qui les rendait toutes
perplexes, quand une réflexion sage et heureuse leur fit
comprendre que le gros lot partagé en 29 parts ferait encore une assez jolie dot... — Aussitôt les jeunes filles ar-
rêtèrent de s'assurer mutuellement, et, le rêve aidant,
c'était autant de prochains ménages, et, s'il était possible
formés le même jour. Quelle fête ! sept quadrilles de jeunes époux ! Enfin, après maintes remises, le tirage eut

lieu, et pas même un petit lot de 200 fr. à se partager. Les pauvres filles n'en revenaient pas. Comment ! en 29 billets, ni gros ni petit lot qui leur aurait donné le montant d'une semaine de travail ! — Je fis remarquer à la directrice de l'atelier qu'entre les 29 billets et le lot le plus rapproché, portant gain de 200 fr., la différence dépassait 150,000 numéros.

Le rêve était loin de s'accomplir.

La combinaison la plus sage, la plus digne, est, sans contredit, celle qui fait ouvrir le coffre-fort, et non la poche qui ne contient à peine que le nécessaire d'une journée...

Le jeu fait trop partie de notre nature, à tous les degrés, pour qu'il soit possible de le supprimer. La tâche des gouvernants doit donc être de le régulariser, de le modérer et d'éloigner tout tripoteur. — Il faut que les jeux d'argent se passent au grand jour, sauf à n'y laisser prendre part que les favoris de la fortune. Agir d'autre manière, c'est indirectement prêter la main aux manœuvres frauduleuses, c'est s'exposer à devoir sévir quand il serait mieux de prévenir. Enfin je terminerai cet article comme je l'ai commencé, avec la pensée que le préjugé en impose à l'autorité, dont les intentions sont assurément fort bonnes, mais elles sont mathématiquement faussées par la délicatesse du sujet.

N	R	P	I	M	P	N	R	P	I	M	P

N R	I I	M P	N R	I I	M P
[illegible]	[illegible]	[illegible]	[illegible]	[illegible]	[illegible]

N	R	P	I	M	P	N	R	P	I	M	P
•			•		•	•		•			•
	•		•		•	•		•			•
•			•		•	•			•	•	
•			•	•		•			•	•	
•			•	•		•		•		•	
•			•	•		•		•		•	
•			•			•		•		•	
	•		•	•		•		•		•	
•			•	•		•		•		•	
•			•	•		•		•		•	
	•		•	•		•		•		•	
•			•	•		•		•		•	
•			•			•			•		•
	•		•	•		•			•		•
•			•	•		•		•		•	
•			•			•		•		•	
	•		•		•	•			•		•
	•		•		•	•		•			•
•			•	•		•			•		•
•			•	•		•		•		•	
•			•	•			•	•		•	
	•		•	•		•		•			•
	•	•		•		•		•		•	
•		•		•		•		•		•	
•		•		•			•	•		•	
•		•		•		•		•			•
	•	•			•	•		•			•
•		•			•	•		•		•	
	•	•		•		•			•	•	
	•	•		•		•		•			•
	•		•		•	•		•		•	
•		•		•		•		•		•	
	•	•		•		•		•		•	
	•	•			•		•	•		•	
	•	•			•	•			•	•	
	•		•	•		•		•			•
•			•			•		•		•	
	•	•					•		•		•

N	R	P	I	M	P	N	R	P	I	M	P

N	R	P	I	M	P	N	R	P	I	M	P

N	R	P	I	M	P	N	R	P	I	M	P

N	R	I		M	P	N	R	P	I	M	P

N	R	P	I	M	P	N	R	P	I	M	P

N	R	P	I	M	P	N	R	P	I	M	P

N	R	P	I	M	P	N	R	P	I	M	P

N	R	P	I	M	P	N	R	P	I	M	P

N	R	P	I	M	P	N	R	P	I	M	P

N	R	P	I	M	P	N	R	P	I	M	P

N	R	P	I	M	P	N	R	P	I	M	P

N	R	P	I	M	P	N	R	P	I	M	P

N	R	P	I	M	P	N	R	P	I	M	P

N	R	P	I	M	P	N	R	P	I	M	P

N	R	P	I	M	P	N	R	P	I	M	P

ceux qu'offriront toujours des *images*, et c'est ce que l'expérience m'a démontré. J'ai vu de mes élèves exécuter de suite, à la faveur de ces deux moyens réunis, des préparations qu'ils auraient faites moins fidèlement, quoiqu'ils y eussent employé plus de temps, dans toute autre circonstance.

La présence des squelettes dans les laboratoires d'anatomie, prouve au moins que des *hommes artificiels* n'y seraient pas déplacés.

Il serait bon, ce me semble, qu'un *homme artificiel* fût exposé dans les salles des examens de nos écoles, ou au moins dans celles des juris destinés à recevoir les officiers de santé. Ce moyen mettrait quelquefois les candidats sur la voie d'une réponse satisfaisante, en même temps qu'il offrirait la facilité de s'assurer s'ils ont des connaissances exactes.

Ainsi, par exemple, on pourrait détacher de la pièce entière tel muscle, telle artère, et reconnaître par là si le récipiendaire a une idée assez positive de ces organes, pour s'apercevoir de leur absence, pour indiquer ensuite leur position et leurs rapports avec les parties qui leur seraient présentées. Ce serait peut-être la meilleure marche à suivre pour découvrir la supercherie qu'emploient quelques jeunes gens qui, par un faux calcul, apprennent l'anatomie *par cœur*, dans *leurs livres*, et dont les réponses sont, en apparence, quelquefois satisfaisantes.

EXERCICE DE L'ART.

Après avoir indiqué le parti que l'on pourrait tirer des pièces artificielles dans l'enseignement, je vais tracer un tableau rapide des avantages qu'elles offriront au médecin et au chirurgien, lorsque, plus tard, ils viendront à exercer leur profession.

Tout le monde convient qu'il ne suffit pas d'avoir vu une fois ou deux les organes du corps humain, isolés de ceux qui les environnent, pour pouvoir se rappeler fidèlement leur conformation et leurs rapports, lorsqu'on a quitté depuis quelque temps le scalpel. Si ces rapports, très-importans à bien connaître, surtout dans l'exercice de la chirurgie, ne se représentent quelquefois que d'une manière confuse à la mémoire de celui qui vingt fois a bien disséqué les mêmes parties, comment fera, pour se les rappeler, celui qui ne les aura vus qu'une ou deux fois, et peut-être imparfaitement? Peut-on nier, dans ce cas, l'utilité de mes pièces artificielles? Sans doute il vaudrait

2

mieux que tous les médecins et les chirurgiens renouvelassent tous les ans, et dans quelques occasions particulières leurs connaissances anatomiques, en se livrant à des dissections pratiques; mais, d'ici à long-temps, peut-être même jamais, on n'établira de laboratoires d'anatomie dans beaucoup de villes, et surtout dans les bourgs et les villages : encore est-on obligé d'avouer qu'un grand nombre des gens de l'art, retenus par divers préjugés, par la crainte de compromettre leur santé, ou enfin peu disposés à se livrer de nouveau à des recherches pénibles et rebutantes, sous quelques rapports, ne profiteraient pas de ces circonstances favorables, lors même qu'elles seraient mises à leur disposition. Il faut donc convenir, en dernière analyse, qu'il est des lieux et des considérations personnelles qui s'opposent formellement à ce que les praticiens se livrent à des dissections, et qu'alors il est utile, et même indispensable, qu'ils puissent acquérir, dans l'occasion, des connaissances exactes sur des modèles analogues aux miens. Ne serait-il pas du plus grand intérêt, pour l'art et l'humanité, de propager, dans la classe trop nombreuse des officiers de santé, des connaissances anatomiques dont elle est généralement dépourvue. Exerçant, la plupart, dans les campagnes, où les préjugés et une infinité de circonstances, s'opposent aux dissections des cadavres humains ; ne serait-il pas en outre de la plus indispensable nécessité qu'ils eussent tous un *homme artificiel* qu'ils consulteraient dans une infinité de cas ? Je suis persuadé que les jeunes gens qui, aujourd'hui, se proposeraient d'embrasser la même profession que ces individus, réfléchissant à la position dans laquelle ils se trouveraient plus tard, éloignés alors des sources d'instruction vers lesquelles le besoin de subir leurs examens les auraient appelés, s'empresseraient de faire des *copies fidèles* des parties du corps dont ils étudieraient la conformation et la structure, et se prépareraient ainsi des ressources qui, dans la suite, leur seraient d'un secours d'autant plus efficace que la copie rappellerait à leur esprit l'état naturel des choses.

Si les membres des jurys, si les professeurs des écoles exigeaient de chaque candidat, qu'il présentât une ou plusieurs pièces ainsi préparées, ils acquerraient sans contredit la certitude que le récipiendaire conserverait long-temps une idée exacte des parties qu'il aurait imitées par ce procédé. En propageant le goût

des pièces artificielles on propagerait la science
elle-même , et la société ne verrait pas des
hommes, dont l'éducation médicale est tout-à-
fait tronquée , commettre dans la pratique une
infinité d'erreurs dont la science n'a pas moins
à gémir que l'humanité ; alors deviendraient plus
rares ces procès verbaux qui souvent ne prou-
vent que l'ignorance de celui qui les a rédigés.

On aurait tort de conclure de ce que nous
venons de rapporter, que les officiers de santé
doivent seuls cultiver la pratique de l'anatomie
artificielle ; je suis persuadé , parce que j'en ai
fait moi-même l'expérience , que l'élève qui,
ayant une pièce bien préparée sous les yeux,
s'exercera à ce genre de travail , acquerra une
précision, une exactitude, dans la connaissance
des rapports , qu'il serait difficile d'obtenir aussi
sûrement en suivant une autre marche. Dans
les travaux anatomiques ordinaires , on étudie
bien chaque système d'organes, chaque appareil,
chaque organe même isolément , mais ne doit-
on pas faire succéder à cette étude analytique ,
une véritable synthèse qui puisse donner une
idée précise de l'ensemble de l'organisation ?
Après une pareille étude , serait-il possible
qu'un médecin n'eût pas toujours présentes à
l'esprit, la structure , la composition d'une ma-

chine qu'il aurait analysée dans tous ses détails, et qu'il aurait ensuite recomposée de toutes pièces.

Un ouvrage classique justement estimé, l'Anatomie du professeur Boyer, nous présente cet intéressant tableau analytique, si utile au chirurgien praticien ; l'auteur décrit dans chaque région, l'ordre successif des différentes parties en procédant de la peau vers les os. Le docteur Beullac, guidé par des vues analogues à celles de ce professeur, a soutenu cette année, à la faculté de médecine de Paris, une thèse sur l'anatomie chirurgicale de l'épaule et du pli du bras. Les tableaux multipliés qu'offre en relief mon mannequin anatomique, me sem_blent propres à donner une idée plus précise de la disposition particulière des diverses régions du corps, et de l'anatomie essentiellement chirurgicale, que ces simples descriptions à l'exactitude desquelles on ne peut d'ailleurs rien ajouter.

Si une pièce semblable était déposée dans un cabinet public, elle pourrait être consultée et comparée par des élèves qui auraient étudié la nature, et, chaque semaine, un conservateur offrirait un nouveau tableau. Ce tableau serait double, puisqu'on pourrait laisser en place du côté droit ce qui serait enlevé du côté gauche. On ne peut contester les avantages qui résulteraient de cette étude comparative; je crois donc inutile de m'étendre sur ce sujet.

Au moment de pratiquer une opération importante, les chirurgiens se font un devoir de se retracer l'image des organes sur lesquels ils doivent porter un instrument salutaire : les uns consultent la nature, et divisent sur le cadavre les parties sur lesquelles ils doivent agir : les autres, privés de cet avantage, ont recours à un traité d'anatomie, et surtout à l'analyse du professeur Boyer dont nous avons parlé; on sait que les hommes que leur mérite a placés à la tête des grands hôpitaux, ont presque seuls l'avantage de pouvoir se livrer à des dissections pratiques, tandis que la lecture des ouvrages d'anatomie est la seule ressource qui reste au plus grand nombre des chirurgiens qui ne se trouvent pas dans des circonstances aussi favorables. Ces derniers, en invitant un conservateur à leur présenter sur la pièce la copie des parties qu'ils veulent étudier, verraient sur-le-champ tous les détails relatifs à la disposition de ces mêmes parties, avec autant d'exactitude que s'ils eussent consulté une préparation naturelle, faite sur l'homme même.

Il est souvent utile de conserver une image fidèle des altérations des organes qui puisse servir de traduction aux descriptions, et à l'histoire des maladies. Les préparations en cire rendent quelques-unes de ces lésions organiques avec une vérité frappante (1). Je pense néanmoins que, si la cire a sur mes pièces un avantage réel, lorqu'il s'agit de copier des altérations des viscères, où le coloris et la transparence sont ce qu'il importe le plus de rendre fidèlement, mon procédé en offre, à son tour, de non moins importans, et qu'il serait difficile de lui contester. Ainsi je puis rassembler sur une seule pièce, une infinité de rapports, imiter parfaitement les changemens variés que les muscles, les vaisseaux et les nerfs ont éprouvés dans leurs dimensions et dans leur direction ; enfin, pour exprimer mon idée toute entière, je crois pouvoir avancer que les préparations en cire ne montrent une altération organique *que sous un point de vue*, ou qu'elles ne représentent qu'une coupe de cette lésion, tandis que par mon procédé, pour co-

---

(1) Collections exposées dans les cabinets de l'école de Paris.

pier un cas pathologique, il faut, à la vérité, imiter séparément chaque tissu qui environne ou constitue l'altération, rassembler toutes les parties constituantes, modelées et coloriées d'après nature, lors de la dissection de l'altération organique : mais aussi, on peut acquérir sur la même pièce, une idee juste de l'ensemble et des détails que l'on a observés en disséquant la pièce naturelle.

Si l'on reconnaît avec raison que les collections d'histoire naturelle tirent un parti très-avantageux des préparations en cire, pour conserver les images des organes de quelques animaux dont les effets argentés s'éteignent au sortir de l'eau (1), dont les membranes, quand elles sont enduites de vernis, acquièrent une transparence vitreuse, qui ne leur est pas naturelle ; si ce procédé est également applicable aux mollusques, dont la consistance, comme muqueuse, ne se prête à aucun autre moyen satisfaisant de conservation, ne doit-on pas convenir aussi que les procédés que j'emploie sont plus utiles pour indiquer quelques dispositions remarquables des organes, telles,

---

(1) Rapport de l'école, sur les pièces de M. Laumonier.

par exemple, que des muscles, des vaisseaux, des nerfs?

D'un autre côté, des pièces artificielles analogues aux miennes, et dans lesquelles les muscles et les vaisseaux superficiels seraient imités avec une grande exactitude ne pourraient-elles pas tenir lieu aux peintres et aux dessinateurs des préparations en cire, et remplacer au moins avantageusement les gravures.

Il me semble résulter également de ce que j'ai dit jusqu'ici que les vétérinaires devraient faire l'application de mon procédé à la préparation de quelques régions remarquables du corps de plusieurs animaux domestiques, et même à celle de la totalité de quelques-uns de ces animaux.

Enfin, dans l'éducation commune, dont les notions anatomiques générales devraient faire partie, n'y aurait-il pas de l'avantage à donner une idée sommaire de l'organisation, à l'aide de mes pièces artificielles qui n'inspireraient pas une répugnance bien naturelle à quiconque n'est pas attiré par le goût de l'anatomie, et par le désir de se former à la profession qu'il a choisie? Combien d'hommes instruits, pour qui rien n'est étranger que la connaissance d'eux - mêmes, s'empresseraient alors d'acquérir, sur ces nouveaux corps artificiels, un aperçu général de cette science sublime qui soulève le voile que la nature a jeté sur notre organisation ?

COPIE DU RAPPORT

FAIT A L'INSTITUT, LE 19 OCTOBRE 1819,

SUR

LA PIÈCE D'ANATOMIE ARTIFICIELLE

DE M. AMELINE.

———

L'ACADÉMIE, dans une de ses dernières séances, nous a chargés, M. Portal et moi , de lui faire un rapport sur l'espèce de mannequin anatomique que lui a présenté M. Ameline, médecin à Caen , ainsi que sur les nombreux avantages attribués par l'auteur à cette machine pour l'étude de l'anatomie.

Chacun de nous a vu par les explications de M. Ameline qu'il s'agit d'un squelette humain dans les cavités duquel sont placés des organes, des viscères , des vaisseaux de tout genre, des nerfs imitatifs, et dont les surfaces extérieures, sont garnies et revêtues de muscles, d'aponévroses, de membranes plus ou moins ressemblans; le tout revêtu d'une enveloppe qui figure les tégumens communs, et donne au sujet, quand elle est en place, l'aspect d'un homme nu, et quand elle est enlevée, celui d'un corps humain écorché.

Déjà considérée comme telle, et vue extérieurement, la machine de M. Ameline intéresse et peut instruire; mais, ne montrant que les couches les plus externes des muscles avec leurs tendons et leurs diverses trames, elle ne pourrait être, en cet état, que d'une médiocre utilité. C'est dans ses détails, dans l'arrangement, dans la multitude, dans l'amovibilité de ses pièces, qu'elle est réellement curieuse, et qu'elle peut servir, jusqu'à un certain point, à faire connaître la structure et l'organisation de l'homme; et parmi ces pièces, ce sont les muscles et leurs dépendances qui sont les mieux représentés. Tous sont en cartons, comme la peau l'est elle-même. Leur forme, leur couleur, leur position, leurs rapports mutuels, ont assez d'exactitude. Il ne leur manque que cet inimitable tissu cellulaire ou lamelleux qui les sépare dans l'état de mort et de vie; que cette mollesse qu'ils conservent après que celle-ci a cessé, à moins qu'un tétanos complet ne l'ait terminée. Nous pourrions ajouter qu'on n'y trouve pas non plus ces masses, ces degrés variables d'épaisseur et de force, qui sont si importans à évaluer sur le cadavre. Mais ce serait exiger l'impossible, que de se plaindre de cet inévitable défaut.

_ Les muscles superficiels en couvrent d'autres, ou cachent des parties qui deviennent visibles par l'enlèvement des premiers, et la facilité de cet enlèvement n'est pas ce qu'il y a de moins remarquable dans la machine; l'auteur les ôte et les remet à volonté. Il charge une table des débris de son mannequin qu'il recompose presqu'aussi vite qu'il l'a décomposé, et, avec un peu d'exercice, chacun pourrait en faire autant.

A mesure qu'il ôte une partie, on peut examiner celle qui est dessous, et successivement arriver à la découverte de ce qui est situé le plus intérieurement. C'est ainsi qu'il met en évidence les vaisseaux et les nerfs qu'il est le plus essentiel de bien connaître, et qu'il manifeste surtout la marche et la profondeur de ces artères, que depuis quelque temps on a cessé de regarder comme inaccessibles à la ligature dans certains anévrismes.

Nous ne dirons rien des cavités splanchniques. M. Ameline n'a pu donner qu'une idée imparfaite des parties qu'elles renferment, et on regrette qu'à l'ouverture de l'abdomen dont il a d'ailleurs si bien imité l'enceinte et les parois, on n'aperçoive que des simulacres informes des viscères qui doivent y être contenus.

Mais on est dédommagé en considérant les coupes adroites à la faveur desquelles il a fait pénétrer nos regards jusqu'au fond du pharynx et du larinx; et mis sous nos yeux l'admirable construction de ces parties.

Les deux bras peuvent être isolés du tronc, afin de faciliter l'étude loin du sujet. Ils ont, comme le reste du corps, leur étui en carton, couleur de peau ou de chair, dont on peut aussi les dépouiller et les regarnir.

Le mannequin de M. Ameline offre des avantages qui, pour être un peu au-dessous de ceux que lui a supposés l'auteur, n'en sont ni moins réels, ni moins recommandables; nous aimons à convenir que les gens du monde, à qui la vue et l'odeur d'un cadavre causeraient trop de répugnance, pourraient acquérir quelques connaissances d'eux-mêmes sur cet ingénieux artifice, sans qu'aucun dégoût vînt troubler leur contemplation. Nous nous plaisons encore à avouer qu'un étudiant en anatomie, faute de toute autre ressource, trouverait à ébaucher son instruction, à se familiariser avec les noms, les divisions, les notions descriptives de la science, en maniant les différentes pièces qui ont toutes un numéro indicatif, en les examinant dans leur ensemble, en les séparant les unes des autres, et en les remettant par ordre à leurs places respectives ; enfin, nous voulons bien être d'avis que l'anatomiste tout formé puisse, dans l'occasion, se rappeler devant une pareille image des détails échappés de sa mémoire ; mais qu'on prétende en faire un objet classique, et un moyen d'enseignement ; qu'on établisse la possibilité de devenir anatomiste avec ce fantôme d'anatomie, c'est ce que nous ne penserons et n'admettrons jamais ; et, sur ce point, nous n'avons pas même besoin d'en appeler aux lumières et à la bonne foi de M. Ameline, qui, dans plus d'une circonstance, a professé la même opinion. Nous ne savons même s'il y aurait un grand parti à tirer de la machine dans les écoles de dessin, de peinture et de sculpture, où il faut des modèles exacts et assez mobiles pour se prêter aux poses et aux attitudes nécessaires.

Mais, quoi qu'il en soit, il y a dans le plan et dans la construction de cette machine, du génie et de l'habileté. Elle a exigé beaucoup de réflexions, de longs et itératifs essais, et une grande persévérance. Il nous semble qu'elle n'est pas indigne d'être citée parmi les produits les plus étonnans de l'industrie française, et nous devons former des vœux pour que l'homme laborieux et éclairé, à qui on en est redevable, reçoive, dans son pays même plutôt que chez l'étranger, qui déjà lui a fait des propositions séduisantes, le prix des sacrifices et du travail qu'elle lui a coûtés.

Ce doit être un objet cher; car on ne peut rien mouler dans sa confection. Il faut, pour chaque mannequin, travailler sur de nouveaux frais, c'est-à-dire faire de nouvelles pièces, à moins qu'on ne rencontre des squelettes de dimensions toutes semblables, ce qui ne peut guère se supposer.

L'idée de cette espèce de plastique anatomique, par la superstration des parties, n'est pas nouvelle. On la trouve dans plusieurs livres du seizième et du dix-septième siècles, où des planches gravées, posées les unes sur les autres, laissent voir, en les soulevant chacune à son tour, tantôt l'intérieur de la poitrine, tantôt celui du bas-ventre, ainsi du reste. On est allé long-temps visiter, dans le cabinet de la demoiselle Beiron, rue Saint-Jacques, à Paris, de ces cadavres factices qu'elle fabriquait elle-même, en cire colorée, et dans lesquels les organes internes étaient rendus visibles, en découvrant la cavité qui les recélait.

Mais ce fut le célèbre *Fontana* qui réussit le mieux dans ces sortes d'imitations. On sait qu'il avait construit le corps d'un homme en bois blanc très-léger, et que chacune des parties principales pouvait être détachée du tout et être examinée isolément. Les muscles surtout étaient bien figurés, et il avait trouvé moyen de les emboîter les uns dans les autres, de manière à ce qu'ils pussent réciproquement être séparés.

Nous ajouterons que dans ces derniers temps l'accoucheur *Dufay* a fait peindre, par un des meilleurs élèves de Régnault, une femme de grandeur naturelle, dans l'attitude d'accoucher, chez laquelle, en ouvrant successivement plusieurs volets en fer battu, posés les uns sur les autres, et représentant chacun, avec une grande fidélité, des parties différentes, on voit les progrès du travail de la parturition, et on peut assez bien connaître l'organisation la plus secrète et les phénomènes les plus mystérieux.

Mais M. *Ameline* a surpassé tout ce qu'on a pu faire et tenter dans ce genre, et on ne saurait même, sans injustice, lui contester le titre d'inventeur. C'est dommage que son mannequin soit si cher. Son acquisition dans quelques établissemens publics, tels que les colléges et les écoles militaires, ne serait pas sans utilité, et nous devons désirer qu'il parvienne un jour à en mettre le prix à la portée d'un plus grand nombre d'amateurs.

En attendant, nous estimons que l'Académie doit donner à M. *Ameline* d'honorables témoignages de satisfaction et de bienveillance, en invitant en même temps ce laborieux et zélé anatomiste, à redoubler d'efforts pour perfectionner de plus en plus une machine dont elle a reconnu le mérite dans l'état où elle lui a été présentée, et à laquelle elle accordera, avec plus de plaisir encore, de nouveaux suffrages, lorsqu'elle aura reçu les améliorations dont elle est susceptible.

Signé PORTAL;

PERCY, rapporteur.

L'académie approuve le rapport, et en adopte les conclusions.

Certifié conforme, etc.

Et a signé le secrétaire perpétuel,

DELAMBRE.

EXTRAIT

DES REGISTRES DE LA SOCIÉTÉ DE MÉDECINE DE CAEN.

SÉANCE DU 4 FÉVRIER 1817.

M. AMELINE qui, dans la séance précédente, a invité les membres de la société à se transporter chez lui pour examiner une pièce anatomique artificielle de son exécution, présente aujourd'hui, à la société réunie, une main et une tête artificielles qu'il a également exécutées de manière à étonner ses collègues, si le mérite de l'auteur ne leur était connu depuis long-temps. En effet, M. Ameline, avec du temps, de la patience, un zèle infatigable, que rien n'a rebuté, et surtout de profondes connaissances anatomiques, est parvenu à exécuter sur un squelette naturel d'adulte, au moyen du carton auquel il a donné la forme et la direction des muscles, plus du fil et de la soie diversement coloriés, et représentant les artères, les veines, les nerfs, etc.; M. Ameline, dis-je, est parvenu à exécuter de toutes pièces un sujet complet d'anatomie artificielle qui permet , au moyen de crochets, de mettre successivement à découvert les parties profondément situées , et d'étudier en tout temps cette science d'images , en offrant aux élèves et aux hommes instruits, toutes les parties du corps humain dans un rapport toujours exact.

Cette pièce, qui a le mérite de la nouveauté, est entièrement due au génie inventif de M. Ameline. La compagnie l'a examinée avec beaucoup d'attention et d'intérêt. Elle donne son suffrage à l'auteur , le félicite sur son premier succès , et l'engage à perfectionner de plus en plus cet utile et précieux travail.

Signé **LE QUÉRU** ,

Docteur-Médecin , Secrétaire.

SOCIÉTÉ ROYALE

ACADÉMIQUE DES SCIENCES.

SECTION DE MÉDECINE.

RAPPORT

SUR DES MODÈLES D'ANATOMIE ARTIFICIELLE,

Présentés par M. Ameline, Chirurgien et Professeur d'anatomie à Caen.

Messieurs,

Dans la séance du 7 septembre, vous avez nommé MM. Pajot-Laforêt et moi, pour prendre connaissance de diverses pièces d'anatomie artificielle, qui vous ont été présentées par M. Ameline, professeur d'anatomie à Caen, et vous nous avez chargés de vous faire un rapport à ce sujet.

Nous avons accepté cette mission avec d'autant plus de plaisir, que déjà nous connaissions une partie du beau travail de M. Ameline, et que, depuis long-temps, nous faisions des vœux pour que cet habile anatomiste pût offrir enfin l'image de toutes les parties dont se compose le corps humain.

M. Ameline nous a présenté, 1°. plusieurs muscles détachés ; 2°. une jambe avec une portion de la cuisse ; 3°. une portion d'un bras, tenant à l'avant-bras et à la main ; 4°. une tête ; 5°. une figure entière, représentant l'homme nu et debout. Le tout est exécuté en carton ; et chaque pièce, portrait fidèle de son modèle naturel, tant pour la forme que pour la couleur, etc., peut être montée et démontée à volonté, de manière que, dans quelques instans, l'on a séparé ou réuni les parties qui constituent l'ensemble du corps. Cet ensemble est disposé sur une charpente osseuse ; et, à l'exception des os, du périoste et de quelques ligamens articulaires, tout, dans cette belle anatomie, est l'ouvrage de M. Ameline.

Nous ne parlerons pas des n°ˢ. 1 et 2 ; ce que nous pourrions en dire devant trouver sa place dans la description des n°ˢ. 3, 4 et 5.

La pièce n°. 3 , représente un membre tho-
rachique ; amputé à quatre travers de doigt,
environ , au-dessus de l'articulation huméro-
cubitale. Cette pièce a l'avantage de joindre
à une exécution parfaite des muscles , dont les
diverses couches nous ont été successivement
démontrées, celui de présenter dans un rapport non moins remarquable , avec les muscles et les nerfs , 1°. l'artère brachiale; 2°. sa
division en radiale et cubitale; 3°. la distribution et la division de ces artères à la paume de
la main et aux doigts; 4°. les diverses branches
qu'elles fournissent dans leur marche , et particulièrement les artères musculo-articulaires et
récurrentes , sur les anastomoses desquelles se
fonde l'espoir de l'opérateur , dans ces circonstances fâcheuses où la ligature des troncs
devient indispensable.

L'intérêt qui résulte de la manière dont sont
exécutées ces artères ne le cède en rien à celui
qui naît de leur étude sur l'homme. Aussi en
voyant ces vaisseaux artificiels avons-nous cru
voir l'ouvrage même de la nature.

Aux muscles et aux artères, ainsi modelés,
l'auteur a joint les trois principaux nerfs qui se
distribuent à l'avant-bras et à la main, le mé-
dian , le radial et le cubital. Ces nerfs occupent

la place que nous leur voyons occuper lorsque, par une dissection plus ou moins pénible, nous voulons les suivre jusque dans leurs dernières divisions.

Si nous avons donné de justes éloges à l'auteur pour la précision que nous avons remarquée dans la distribution des artères, nous ne lui en devons pas moins pour celle qui a lieu dans la représentation des organes du sentiment.

M. Ameline a donné une couleur différente à chacun de ces trois nerfs, pour éviter la confusion qui, au premier aspect, pourrait résulter de l'entrecroisement de leurs rameaux et de leurs ramifications. C'est ainsi que dans les cartes géographiques, on fait distinguer les différens pays par un genre particulier d'enluminure. Cette application nous a paru heureuse. C'est un excellent moyen pour faciliter aux élèves l'étude de cette branche importante de l'anatomie.

La pièce n°. 4 est une tête dont les tégumens sont enlevés ; les coupes multipliées et très-ingénieuses que l'auteur y a faites, en tous les sens, permettent de voir, de la manière la plus distincte, les nombreuses parties qui entrent dans la composition de cette portion de l'homme (le cerveau excepté, dont M. Ameline ne s'est pas encore occupé, mais qu'il se propose d'exécuter plus tard).

Cette pièce offre l'aspect de tous les muscles du crâne, de la face et du cou, à la hauteur du cartilage cricoïde. On y voit les artères temporales et occipitales, le nerf facial et ses ramifications, enfin cette réunion de parties dont la dissection fait le désespoir de l'anatomiste, même le plus exercé, et dont l'étude présente de si grandes difficultés; aussi ce n'est point sans une surprise bien agréable, que nous avons pu, dans un instant, suivre la marche des artères maxillaire interne et linguale, du nerf trifacial et autres, et saisir tous leurs rapports avec les muscles nombreux de cette région. Cinq minutes suffisent pour démonter et rétablir cet appareil.

M. Ameline nous a présenté ensuite un modèle de l'homme entier et debout. C'est un composé d'un nombre, pour ainsi dire, infini, de parties, toutes exécutées avec une égale perfection.

Pour procéder méthodiquement dans l'exposé que nous avons à faire sur cette réunion de pièces qui forment une apparence de corps humain, nous allons, messieurs, suivre l'ordre que l'auteur a mis dans la description qu'il nous en a faite.

Il a d'abord enlevé la peau, espèce d'étui en carton, composé de 17 morceaux.

C'est alors qu'un admirable tableau s'est offert à nos yeux; dans ce tableau, image exacte des formes et des rapports de toutes les parties entre elles, nous avons principalement porté nos regards sur la distribution des nerfs et des vaisseaux, de même que sur les régions cervicale, axillaire et inguinale, le pli du coude et celui du jarret. Nous croyons ne pouvoir nous dispenser d'entrer dans quelques détails à ce sujet.

1°. Dans l'espace triangulaire sus-claviculaire, l'on voit, comme sur le cadavre même, les nerfs nombeux sous-cutanés, et leurs diverses distributions. Bientôt, par l'enlèvement d'une pièce triangulaire sur laquelle sont fixés ces mêmes nerfs, l'on met à découvert les parties plus profondes du plexus cervical, ses rameaux ascendans, descendans et transverses et leurs liaisons avec les artères cervicales, scapulaires, etc. Toutes ces parties, que l'on croit avoir été vivantes, sont entourées d'une matière cotonneuse qui tient lieu du tissu cellulaire abondant dont elles sont enveloppées dans l'état naturel. (Nous devons faire observer que cette matière cotonneuse supplée, en général, assez bien au tissu cellulaire , en remplissant les espaces intermusculeux et les creux qui résultent de leurs diverses dispositions ; mais ce moyen accessoire employé par l'auteur , nous paraît trop éloigné de la vérité pour mériter d'être mentionné, comme étant digne de votre attention.)

2°. Le creux de l'aisselle fidèlement représenté par les saillies des muscles grand pectoral , grand dorsal et grand rond , laisse voir le merveilleux ensemble de l'artère axillaire, de ses divisions et de ses rapports avec les six nerfs du bras , exprimés d'un côté par six cordons blancs, et de l'autre par des cordons de couleurs différentes. Ce tableau de la nature a d'autant plus excité notre attention, que, pour la première fois , nous le voyons sur l'homme considéré debout, position qui seule permet d'étudier l'état naturel des parties, et , qu'à l'exemple de M. Ameline, les professeurs d'anatomie devraient adopter dans leurs démonstration, ce qui serait extrêmement facile en employant le moyen dont , depuis plusieurs années , se sert notre zélé confrère ; moyen dont il nous a entretenu et qui fera la matière d'un mémoire qu'il se propose d'envoyer à la société.

3°. Au pli du bras , nous avons remarqué ce

même ensemble, cette même exactitude dans les formes et les relations des muscles, des artères, des nerfs, etc.

4°. En examinant l'espace triangulaire de l'aîne, nous avons été frappés de la représentation, on ne peut pas plus fidèle, des vaisseaux sanguins et des nerfs, que, par l'enlèvement successif des muscles, l'on peut suivre aisément dans toute l'étendue de la cuisse.

5°. Au jarret, nous avons aussi remarqué la grande exactitude qui règne, dans l'exécution de l'espace quadrangulaire qu'il présente, les rapports rigoureusement observés des vaisseaux et des nerfs, la distribution parfaitement rendue des artères articulaires, et la simplicité du moyen employé par l'auteur pour imiter ces anastomoses que l'on ne met pas toujours à découvert par les injections, et qu'il importe tant au chirurgien de bien connaître.

C'est après avoir pris connaissance de cette pièce entière, et l'avoir ainsi examinée dans son ensemble, que nous avons invité M. Ameline à vouloir bien nous la montrer en détail, ainsi qu'il l'avait fait pour les pièces partielles. Il a enlevé successivement les muscles de la poitrine et du dos : nous avons examiné ensuite la structure des parois de la cavité du bas-ventre, telles qu'elles s'offrent dans la nature, après qu'on en a retiré les viscères ; ainsi les muscles diaphragme, psoas et iliaque, la situation de l'aorte ventrale et de la veine cave, la division et la distribution des branches de l'hypogastrique, etc., ont pu être étudiés par nous de la manière la plus instructive. Il en a été de même des rapports qui existent entre l'artère épigastrique et le cordon testiculaire, ce qui a fourni à l'auteur l'occasion de nous démontrer les divers changemens qui s'opèrent dans la position de ces parties, lorsqu'il se forme des hernies inguinales, internes ou externes ; et, à ce sujet, il nous a entretenu d'un moyen qu'il se propose d'exécuter, à la faveur duquel il produira des hernies et fera voir les changemens dont nous venons de parler.

Il a enlevé le psoas et mis à découvert le plexus lombo-abdominal, il nous a fait remarquer le plexus sacré et les divers rameaux qu'il fournit à toutes les parties de la cuisse et de la jambe, jusqu'à l'extrémité des orteils.

Ce que nous avons dit précédemment en parlant des pièces n.ºs 3 et 4, nous ne pourrions que le répéter ici. Nous ajouterons seulement, 1°. que la tête de ce corps artificiel, comme celle dont nous vous avons déjà en-

tretenu, offre diverses coupes à la faveur desquelles on voit d'une manière si précise tous
les muscles, les vaisseaux, les nerfs, etc.,
que l'explication de leurs usages et le mécanisme des mouvemens en dérivent néces-
sairement;

2°. Que la région fémoro-coxale laisse si
bien apercevoir l'ensemble des muscles, des
vaisseaux et des nerfs, que nous doutons que
par la dissection on puisse obtenir plus d'exactitude et de clarté;

3°. Que l'étude de l'épaule, par la vérité des
objets dont l'image est si bien tracée, par
l'addition ou la soustraction faciles des muscles, n'est pas moins digne d'intéresser l'homme qui aime à lire dans le livre de la nature,
et que la manière dont on distingue les parties
accessoires, telles que les vaisseaux et les nerfs,
donne une idée extrêmement précise de leur
position.

D'après l'exposé que nous avons eu l'honneur de vous faire, il est aisé de juger combien le travail de M. Ameline l'emporte sur
tout ce qui a été fait d'analogue jusqu'à ce
jour, soit pour faciliter l'étude de l'anatomie,
soit pour en retracer le souvenir.

Les moyens qui ont été employés jusqu'ici,

sont, la peinture, le dessin et la gravure, les pièces desséchées, et la sculpture ou modelage en bois, en liége, en cire, etc. ; mais ces moyens sont loin d'atteindre le but que l'on s'était proposé. La peinture, le dessin et la gravure n'indiquent point toutes les surfaces d'une partie, elles ne peuvent faire connaître d'autres liaisons des parties entre elles que les liaisons latérales.

Nous ne parlerons pas des pièces desséchées ; elles sont à peu près perducs pour l'étude, puisqu'en changeant de forme, elles ne peuvent plus laisser apercevoir les liaisons ou rapports qu'elles avaient entre elles dans l'état frais ; et la connaissance de ces liaisons ou rapports, constituant la science anatomique, on sent de combien peu d'utilité sont des pièces ainsi préparées.

Quant aux pièces sculptées, on sait qu'il en existe à Florence une en bois, qui a été exécutée par Fontana ; mais elle est, dit-on, trop loin de la perfection à laquelle doit être portée l'imitation des parties, pour qu'il soit possible de la substituer utilement à ces mêmes parties.

Il existe une autre pièce semblable à l'école de Paris. Ce n'est, pour ainsi dire, qu'une ébauche, aussi est-elle reléguée dans un coin poudreux du cabinet d'anatomie.

Nous en avons vu une en liége, sur laquelle l'académie de médecine nous avait chargé, en 1804, de lui faire un rapport; mais les muscles de cette espèce de mannequin étaient si éloignés de ce qu'ils sont dans la nature, que nous avons cru ne pas même devoir en entretenir l'académie.

La seule sculpture en cire a pu donner une idée parfaite des surfaces; aussi nous avouerons qu'il serait difficile d'obtenir des copies plus riches d'exactitude et de vérité. C'est pour cela, sans doute, que ce genre imitatif anatomique a obtenu les suffrages des savans les plus distingués, et la protection du gouvernement qui, en l'année 1807, a créé un établissement de modelage, sous la direction de M. Laumonier, chirurgien, à Rouen. C'est là que se sont formés, dans l'art de faire de belles préparations anatomiques, ces hommes habiles qui enrichissent chaque jour les cabinets de nos écoles de nombreuses et magnifiques productions dont l'utilité semble avoir été consacrée par le fait même de la formation d'un tel établissement.

Cependant, si nous comparons le chef-d'œuvre de M. Ameline, avec les chefs-d'œuvre sortis des mains de MM. Laumonier, Pinson et autres, nous pensons que le travail de M. Ameline doit l'emporter sur tous les travaux de ces habiles modeleurs. Sans doute, par l'un comme par l'autre procédé, l'on peut rendre la forme des parties avec une égale exactitude ; mais dans celui de M. Ameline, l'on n'a pas à craindre les altérations que le moindre choc, ou une température un peu élevée peuvent produire dans les figures en cire. Les figures de M. Ameline peuvent être examinées dans tous les sens. Les figures en cire, telles qu'on les a exécutées jusqu'ici, ne peuvent être étudiées que d'un seul côté ; les premières permettent de faire une synthèse exacte et une dyérèse facile de toutes les parties du corps ; les secondes ne présentent qu'une masse dont on n'aperçoit que les surfaces supérieures. Mais, ainsi que déjà nous l'avons dit, comme ce n'est que dans la connaissance des rapports que consiste essentiellement la science anatomique, il est constant que l'on ne peut acquérir cette science avec des modèles à une seule surface. La possibilité d'étudier toutes les liaisons des parties à l'aide des moyens proposés et exécutés par M. Ame-

line, doit donc principalement établir la su-
périorité de ce procédé sur ceux du modelage
en cire ; moyen qui, cependant, offre dans
quelques circonstances des avantages exclusifs ;
lorsqu'il s'agit, par exemple, de représenter
certaines parties diaphanes.

Enfin, Messieurs, pour nous résumer, et
attendu que

Les modèles de M. Ameline sont de la plus
grande utilité pour préparer à l'étude de l'anatomie ;

Qu'ils ne le sont pas moins pour le praticien
qui, l'ayant étudiée sur le cadavre, veut se
rappeler ce qu'il a déjà vu, et principalement
ce qu'il lui importe de bien connaître au moment d'une opération ;

Que grand nombre de savans à qui la connaissance d'eux-mêmes n'est étrangère, que
par la répugnance bien naturelle de l'étudier
sur le cadavre, pourraient acquérir ainsi la
science de leur organisation, et se rendre
compte d'une infinité de phénomènes physio-
logiques et pathologiques ;

Nous croyons qu'un travail de cette importance est digne de vos suffrages. Aussi nous
concluons à ce que la Société royale des sciences donne son approbation aux procédés de

M. Ameline ; que son travail soit annoté honorablement dans le procès verbal de la séance de ce jour ; enfin , que la Société agrée le vœu qu'a émis ce savant professeur, d'être inscrit au nombre de ses correspondans.

Nous demandons en même temps qu'il soit écrit au ministre de l'intérieur , pour réclamer sa bienveillance en faveur de M. Ameline, dont les précieux modèles sont si dignes de tenir une place distinguée dans tous les établissemens publics qui sont consacrés à l'étude de l'homme.

Arrêté , en commission , le 8 octobre 1819.

FABRÉ-PALAPRAT , rapporteur.

Rapport de M. MÉRAT, *au nom d'une commission, sur un modèle anatomique, représentant particulièrement la myologie humaine, inventé et composé par* M. AMELINE, *professeur d'anatomie à l'Ecole d'instruction de Caen.*

La Société a chargé MM. DUPUY, FAUTREL, NACQUART, ROUX et moi, dans la séance du 19 octobre dernier, de lui rendre compte d'une pièce anatomique modelée en carton, par M. AMELINE, et présentée par lui à la même séance.

Pour examiner ce e préparation avec tout le soin qu'elle a paru exiger, vos commissaires se sont transportés au domicile momentané de l'inventeur, le samedi 23 du même mois ; et là, il leur a été fait une démonstration détaillée de ladite pièce anatomique en présence d'un nombreux auditoire, parmi lequel se trouvaient plusieurs membres de la Société.

Description. — Le modèle dont il s'agit, consiste dans la représentation d'un cadavre humain, de grosseur et de forme naturelles,

recouvert de la peau, de ses poils, le tout
en carton coloré, sauf les veines, artères,
nerfs et poils, qui sont représentés par des fils
ou cordes enduits d'un vernis également coloré, ou des poils naturels. Toutes les parties qui composent ce corps artificiel, sont
appliquées sur un squelette naturel, et se
détachent séparément pour pouvoir être démontrées et étudiées.

Chaque extrémité se démonte à part, pour
qu'on puisse en faire plus facilement l'examen ; c'est ainsi que la tête, un bras, et une
cuisse avec la jambe, nous ont été démontrées
séparément par M. AMELINE.

La peau ôtée, on observe les aponévroses,
si les parties en sont recouvertes, puis les
muscles traversés ou accompagnés de vaisseaux, de nerfs, de canaux, etc., suivant
la structure anatomique qui existe naturelle-
ment dans les parties, et on arrive ainsi jusqu'à la charpente osseuse qui soutient le tout.

Chaque muscle est susceptible d'être isolé
et pris à part. Il est de forme voulue, qu'il
conserve, et on peut le manier, le considérer sous toutes les faces, sans risquer de l'altérer. Si un vaisseau, ou un nerf rampe à sa
surface, ou s'il y pénètre, ces parties y ad-

hèrent et s'enlèvent avec le muscle, parce que leur section est opérée aux extrémités de ces muscles, où elles sont seulement affrontées. Chaque muscle a son volume, sa longueur, ses dimensions, et ses rapports, comme dans l'état naturel.

La coloration des parties est rendue avec assez d'exactitude. Les muscles ne présentent leur aspect ordinaire que du côté externe, et les vaisseaux et nerfs ne sont pas mal simulés sous le rapport de la teinte, par des vernis rouge, bleu, gris, ou blanc ; l'ensemble offre véritablement une image assez exacte de la structure, et de la couleur des parties qui composent le corps humain.

Pour rendre plus utile son mannequin anatomique, M. AMELINE a imaginé de colorer diversement certains organes, afin de les faire distinguer avec plus de facilité ; c'est ainsi qu'il a donné une couleur différente aux nerfs d'un des bras de son modèle ; de sorte qu'on peut dire auquel de ces nerfs appartient un rameau qu'on aperçoit dans la profondeur des couches musculaires. Il a fait de même pour certaines artères, et certains nerfs.

Au moyen de ces préparations on voit,

avec facilité, des parties qu'on a beaucoup de peine à bien observer sur le cadavre humain. C'est ainsi que les nerfs de la septième paire, l'artère maxillaire interne , l'ophtalmique , les muscles du pharynx et du larynx , ceux de la langue, etc., dont la préparation fait par fois le désespoir des anatomistes , sont représentés ici sous leurs véritables formes, et laissent à la mémoire une excellente idée de leur structure , que l'étude de plusieurs *coupes* n'aurait peut-être pas pu procurer.

Composition. — Ce que nous allons dire à ce sujet, est le résultat de notre observation ; M. AMELINE n'ayant pas le projet de rendre public ce qui regarde la fabrication de son modèle anatomique , et ayant laissé sans réponse nos questions à ce sujet.

Le modèle présenté par M. AMELINE est, comme nous l'avons dit , composé en carton. Cette substance , après avoir été ramollie, est modelée d'après nature , puis peinte de manière à offrir l'aspect de l'état sain. Les fibres des muscles ont leur direction naturelle , et sont assez exactement rendues par des brins de chanvre fin collés à la surface du carton , avant d'y avoir appliqué la peinture. Les veines , artères, et nerfs, sont re-

présentés par des fils , des cordelettes , ou
de la corde à boyau, suivant le volume, la
longueur, et la flexibilité que doivent avoir
ces organes, qui reçoivent une coloration
particulière avant d'être appliqués aux muscles , et aux os auxquels on les fait adhérer
avec de la colle.

Chaque muscle superposé tient aux parties environnantes , soit par sa forme naturelle, si elle est concave et engaînante, soit
par des pointes en fil de fer, dont il est armé
à une de ses extrémités, ou à toutes les deux ;
soit par des raînures, dont il est pourvu en
dessous , et par lesquelles les parties sous-
jacentes s'enchâssent avec lui. La flexibilité
du carton permet, pour dégager chaque muscle, des efforts qui seraient impossibles avec
une autre matière.

Les viscères ne sont point modelés dans
la pièce du chirurgien de Caën. Cela était
bien moins nécessaire d'après leur structure,
qui n'offre pas de couches superposées
comme les muscles, et qu'on peut se représenter assez bien par leur relief extérieur.
Nous ne voyons pourtant pas d'impossibilité
à ce qu'il puisse les modeler en carton, les
peindre et les placer dans leur lieu respectif.

Il eût été à désirer que M. AMELINE eût pu écrire sur chaque muscle, ou à côté de chaque vaisseau, son nom ; de cette manière, on aurait appris l'anatomie presque sans livre, ou du moins les noms des parties, dont le nombre ne permet pas toujours à la mémoire la plus heureuse de se rappeler. Notre confrère a déjà commencé à remplir ce vœu, comme nous nous en sommes aperçu sur sa pièce principale.

Il faut avouer que la confection de tous ces objets laisse à désirer sous le rapport de l'exécution, et l'auteur l'avoue lui-même ; mais on ne peut lui en faire un reproche, puisqu'il n'est point artiste en ce genre. Pas de doute, que le cartonage qui se fait maintenant avec tant de perfection, ne produise des ouvriers qui, pour la manutention, donneraient plus de fini à un travail semblable, et bien que le modèle, offert par l'auteur, soit le troisième en ce genre, et le fruit de plus de douze années de soins, nous sommes assurés qu'un cartonnier habile, plus habitué à manier la pâte qu'un médecin, saurait donner plus de fini, de souplesse, et de vérité à son travail, que n'a pu faire M. le docteur AMELINE.

Mais ce qu'on n'obtiendra jamais d'un ouvrier, à moins qu'il n'acquière beaucoup d'habitude, ou qu'il n'en fasse une étude spéciale, c'est la connaissance anatomique des parties. M. le professeur de Caen a calqué son modèle sur des dissections multipliées, faites avec soin, et en choisissant toujours les préparations les plus heureuses. Cette portion scientifique de la confection des pièces anatomiques, se trouvera rarement réunie avec les connaissances matérielles de la fabrication nécessaires à l'ouvrier.

Avantages. Les avantages que présente le modèle anatomique offert à la Société par M. AMELINE, sont nombreux.

1° Il offre la représentation exacte et naturelle des parties musculaires, veineuses, artérielles et nerveuses du corps humain.

2° La composition de cette pièce est faite avec une matière peu dispendieuse, commune, facile à travailler, flexible, point cassante, et nullement susceptible de s'altérer.

3° Ces modèles sont légers, faciles à transporter.

4° Ils offrent les parties sous toutes leurs

faces, permettent qu'on les touche, qu'on les détache, et qu'on les étudie séparément.

5° Ils montrent les organes dans leurs formes naturelles, avantage que n'ont, ni les pièces en cire, qui ne font apercevoir que les surfaces externes, ni même les cadavres qui ne laissent voir les objets que déformés; car un deltoïde disséqué n'a plus la forme qui lui est propre pendant la vie.

6° La pièce anatomique, présentée par M. AMELINE, nous semble très-avantageuse pour faire, en tout temps, les démonstrations de certaines parties, et propres à graver, dans la tête de beaucoup de personnes, la structure de quelques organes du corps humain, mieux même que ne le feraient des cadavres, qui répugnent à plusieurs, et qu'on ne peut se procurer en tout temps, ni disséquer dans la chaleur sans inconvénient : elle est donc très-convenable pour l'enseignement.

7° Sous le rapport de la chirurgie, cette préparation a aussi ses avantages; elle montre de suite le rapport des parties, et indique les lieux où on peut porter, sans dommage, l'instrument tranchant, où on peut aller lier les vaisseaux, couper les rameaux nerveux, ce qu'une pièce en cire, ou même une pièce naturelle desséchée, n'indiquent pas toujours, puisqu'elles n'offrent que le relief des parties, et qu'on ne pénètre pas dans la profondeur des tissus. Sous ce rapport, le mannequin anatomique de M. AMELINE serait utile aux praticiens.

Conclusion. — Il serait donc à désirer que chaque médecin ou chirurgien pût avoir, dans son cabinet, et à plus forte raison, chaque école d'enseignement, une pièce semblable à celle que M. AMELINE vient de présenter à la Société, ainsi qu'à plusieurs autres compagnies savantes de la capitale. Malheureusement, le prix que l'auteur y met, est tel qu'elle ne pourrait être acquise que par un établissement public. Cependant il fait espérer que si le gouvernement lui accordait la faveur qu'il fit, il y a une douzaine d'années, à M. LAUMONIER, de Rouen, pour lequel on créa une école de modèle anatomique en cire, non-seulement il mettrait dans le cas de fabriquer à bas prix des pièces semblables ; mais même il espère que chaque élève pourrait confectionner lui-même une sorte de chef-d'œuvre, à l'imitation des pharmaciens, et qu'il offrirait, pour sa réception , un travail qui représenterait une portion plus ou moins considérable du corps humain.

Bien que l'invention de fabriquer en carton des pièces anatomiques , ne soit pas originairement due à M. AMELINE, la perfection qu'il y a ajoutée , lui rend en quelque sorte ce travail propre. Nous demandons que la Société lui vote des remercicmens pour la communication qu'il lui en a faite , et nous désirons sincèrement qu'il trouve l'occasion de propager son utile procédé pour les préparations de pièces anatomiques artificielles ; l'anatomie et la chirurgie ne pourront qu'en retirer de grands avantages.

(Extrait du Journal général de médecine.)

QUELQUES MOTS

SUR

LES PIÈCES ANATOMIQUES

DE M. AMELINE.

(Extrait de la *Gazette de Santé* du 15 janvier 1820.)

Gavard faisait suivre l'étude de l'anatomie qu'il enseignait avec tant de succès, de la dissection de quelques parties de notre corps en état de congélation ; il faisait enlever à ses élèves diverses couches, et les interrogeait sur les parties que rencontrait le scalpel, et sur leur situation respective, dont on pouvait mieux s'assurer ensuite qu'on ne le fait dans les dissections ordinaires. Sous la dénomination d'anatomie chirurgicale, *M. Roux* enseigne présentement à ses élèves l'anatomie des rapports, sans laquelle il ne peut exister de bonne chirurgie. Pénétré de cette vérité, et sentant bien que

5

l'on ne pouvait acquérir jusqu'ici ce genre de connaissance que par une longue pratique, *M. Ameline*, chirurgien et professeur d'anatomie à Caen, s'est occupé d'en abréger l'étude. Après douze ans de travaux, il est parvenu, au moyen de différens matériaux, à imiter des muscles qu'il moule sur des os humains, des nerfs et des vaisseaux qu'il place dans la situation qu'ils occupent dans l'état naturel ; et, chose surprenante, cet assemblage d'une multitude de pièces différentes, se démonte à volonté. Il a fallu sans doute à cet anatomiste de nombreux essais et beaucoup de savoir, pour obtenir une image aussi exacte du corps de l'homme. L'avantage de ces imitations anatomiques sur celles que l'on a faites jusqu'à présent avec la cire, le bois, le plâtre, est immense ; il est facile de l'apprécier. Celles-là ne présentaient que des surfaces ; dans celles-ci on peut, après avoir examiné les parties superficielles, les enlever successivement et étudier celles qui sont plus profondes. Les ouvrages de ce genre n'offraient d'ordinaire que le tableau d'une seule partie de l'anatomie ; celle-ci présente une anatomie complète. Ce n'est pas que toutes les parties de notre corps soient soumises à être copiées d'une manière aussi parfaite que les muscles ; non, sans doute : car, quoique les nerfs et les vaisseaux soient exactement indiqués dans le mannequin anatomique de *M. Ameline*, celui qui ne les aurait étudiés que sur les fils de volume et de couleur divers qui les représentent, n'en aurait qu'une idée imparfaite. Les viscères n'ont encore été exécutés qu'en partie, et je doute même qu'ils puissent jamais l'être tous. Mais sous le rapport de la régularité dans la situation respective des organes, enfin, de la vérité anatomique de ces différentes pièces, je puis assurer qu'un chirurgien qui voudrait se rappeler l'ensemble des parties sur lesquelles il doit pratiquer une opération, en retrouverait une image aussi précise, je dirai presque plus précise que sur le cadavre.

Ces pièces ou ce mannequin anatomique pourraient aussi servir utilement à l'instruction publique. Les élèves pourraient y reconnaître avec facilité, et dans tous les temps de l'année, les objets qu'ils auraient vus dans les amphithéâtres. Nous terminerons en faisant l'éloge de la patience et de l'adresse de *M. Ameline*, en même temps que nous rendons hommage à son savoir ; ces admirables pièces d'anatomie doivent être le fruit d'un travail bien long et bien pénible, puisque les moules qui auraient servi à exécuter les muscles d'un sujet, ne pourraient s'adapter à la forme et à la grandeur des os d'un autre sujet : tout est donc l'ouvrage de ses mains.

L'Institut, l'Académie royale des sciences, et les diverses corporations savantes auxquelles ces travaux ont été soumis, les ont tous récompensés par une honorable approbation. Nous ne pouvons rien ajouter à la satisfaction qu'en doit éprouver *M. Ameline*, ni à l'honneur qui doit en rejaillir sur lui ; mais nous joignons bien sincèrement nos vœux à ceux du savant professeur *Percy*, pour voir une industrie si utile récompensée dans sa patrie, plutôt que chez l'étranger.

RAPPORT

FAIT A L'ATHÉNÉE DES ARTS,

LE 27 DÉCEMBRE 1819,

SUR LA PIÈCE D'ANATOMIE ARTIFICIELLE DE M. AMELINE,

CHIRURGIEN, PROFESSEUR D'ANATOMIE A CAEN (CALVADOS).

MESSIEURS,

Dans la séance du 8 novembre vous avez nommé une commission composée de MM. Ponce, Fabré, Mirault, Luton et moi, pour prendre connaissance de la pièce d'anatomie artificielle de M. Ameline. Nous allons vous rendre compte du résultat de notre examen ; nous croyons devoir y procéder dans l'ordre suivant.

Notre rapport sera divisé en deux parties : dans la première, après quelques considérations préliminaires, nous passerons rapidement en revue plusieurs des moyens dont on s'est servi pour imiter les diverses parties du corps humain.

Dans la seconde, nous vous ferons connaître le mannequin dont on ne vous a présenté et décrit que quelques fragmens; puis, après vous en avoir démontré l'utilité et les légères imperfections, nous vous soumettrons notre jugement.

§ Ier.

Depuis un certain nombre d'années, l'anatomie a fait des progrès qui sont tels, qu'il est prouvé que c'est une des branches de la médecine qu'on a cultivées avec le plus de soin. La nécessité de son étude est trop sentie de nos jours, pour que nous insistions sur ce point qui n'est sujet à aucune controverse. On sait que son avancement est dû en grande partie aux médecins qui sont sortis de la célèbre école de Paris. Cette impulsion s'est communiquée avec une extrême rapidité, même dans les contrées où l'anatomie était encore dans son enfance. Parmi le très-grand nombre d'anatomistes français, qui, dans ces derniers temps, ont joui d'une réputation méritée, on doit citer surtout *Vicq-d'Azir*, *Sabatier*, *Sue*, l'infortuné *Dessault*, enfin *Bichat*, l'élève et l'émule de cet excellent maître, qui, trop tôt, comme lui, fut perdu pour l'humanité, et, comme lui, sera toujours justement regretté ; qui, doué d'un tact médical et d'un jugement peu commun, nous découvrit une mine riche à exploiter, et que son génie, précurseur des années, sut fouiller habilement. Nous avons vu depuis, les professeurs *Boyer, Chaussier, Portal, Cuvier, Duméril, Richerand, Dupuytren, Roux* et tant d'autres savans, enseigner dignement cette division de l'art médical. *MM. Marjolin, Béclard, Hippolyte* et *Jules Cloquet, Magendie, Brechet*, etc., etc., marchent sur les traces de leurs prédécesseurs, et transmettent à des auditeurs nombreux le fruit de leurs méditations, et ce désir ardent de connaître l'homme dans ses plus petits détails. Si les commencemens d'une telle étude ont quelque chose de rebutant, on a de la peine à s'en détacher, dès qu'on se sent la force de s'y livrer avec persévérance ; elle élève la pensée, elle agrandit l'intelligence. Disons-le : si tout ce qui s'offre à nos regards est très-propre à exalter notre imagination, et à nous donner l'idée la plus sublime de l'auteur de la nature, l'étude de l'anatomie ne doit pas peu contribuer à fortifier en nous la conviction de l'existence du maître du monde. Que ceux qui se plaisent à taxer les médecins de matérialisme viennent méditer avec eux sur les débris de l'homme physique ; s'ils sont forcés, comme eux, de contempler, dans une sorte d'extase, un des chefs-d'œuvre du Créateur, ils cesseront de porter sur les médecins un jugement si peu fondé.

A peine l'étude de l'anatomie était-elle en quelque sorte ébauchée, que les arts d'imitation conçurent le projet de copier les fragmens de la machine humaine, qui déjà avaient été soumis à la dissection. Le respect religieux des anciens peuples pour les morts, et le peu de faculté qu'on devait avoir alors à se procurer des sujets, s'opposèrent long-temps à l'accomplissement d'une semblable tentative. Enfin, on prépara diverses pièces simplement desséchées, et beaucoup plus tard on se servit des injections. Ces manières de conserver les restes inanimés de l'homme et des animaux sont considérées, aujourd'hui, comme propres tout au plus à servir de *memento* à ceux qui savent ; ce serait un guide très-infidèle pour les étudians. On voit pourtant, dans les cabinets d'anatomie et d'histoire naturelle, de ces préparations qui sont parfois admirables ; mais les formes, les rapports des parties, tout est changé par le racornissement.

On possède plusieurs ouvrages dans lesquels on remarque des gravures sorties des burins des meilleurs artistes, et on se plaît à reconnaître qu'ils ont fait tous leurs efforts pour rendre ce qu'elles représentent avec le plus d'exactitude possible; il est fâcheux que cette imitation, qu'on sait être très-dispendieuse, fatigue l'attention, parce qu'il est nécessaire de multiplier les figures à l'infini, même pour les plus petits objets. Quoiqu'on retrouve dans les pièces en cire un bon nombre des inconvéniens que nous venons de signaler, elles ont des avantages incontestables. *Jules Zumbo*, prêtre sicilien, fut, dit-on, l'inventeur de ces figures. *Guillaume Desuones*, *Bianchi*, *Fontana*, etc., portèrent cet art à un degré de perfection inconnu jusqu'à eux. Avec ce procédé il faut indispensablement des fragmens nombreux, pour montrer une partie dans tous les sens. On trouve dans les grands cabinets d'anatomie de l'Europe, entre autres dans ceux de Milan et de Vienne, de ces imitations qui sont d'un grand prix. Paris peut montrer avec orgueil les magnifiques préparations de Laumonier et de M. Picon, notre collègue; personne ne les a surpassés jusqu'à présent, pour le fini et leur extrême exactitude dans les morceaux les plus délicats.

Qu'on parcoure avec attention la belle collection de l'École de Médecine de la capitale, qu'on jette principalement les yeux sur ce jeune homme de vingt-sept à vingt-huit ans, placé dans la première salle, n'est-on pas étonné de ce qu'on aperçoit? Ici c'est de la peau qui vient d'être détachée récemment; là ce sont des muscles, des vaisseaux artériels, veineux, lymphatiques; plus loin, des nerfs, des viscères; ne croirait-on pas, enfin, que c'est un cadavre véritable qui se trouve étendu sur cette table, et que renferme cette cage de verre? Cet ouvrage, qu'on ne peut trop vanter, est de Laumonier. Quels regrets n'éprouve-t-on pas en pensant que ces beaux modèles sont si chers, qu'ils ne peuvent être achetés que pour de grands établissemens publics.

Outre les imitations dont nous venons de vous entretenir, on a tenté de reproduire, en plâtre, des écorchés, sur lesquels les muscles les plus essentiels à connaître ont été modelés pour que les dessinateurs, les peintres, les sculpteurs pussent prendre des notions sur les formes, la situation et les usages de ces organes.

Ici nous noterons avec éloge le gladiateur de Salvages. Cette statue parut pour la première fois à l'exposition des sculptures au Musée, en l'an 12 (1803). Non content d'avoir moulé sur un superbe sujet tous les muscles de la couche superficielle, il en a fait autant pour ceux de la couche profonde, dans l'intention de mieux démontrer le mécanisme des mouvemens. Les muscles colorés comme dans l'état naturel, y sont rendus fidèlement: sans contredit, c'est, de tous les écorchés, celui que nous pouvons regarder comme le meilleur pour les artistes.

§ II.

L'énumération que nous venons de vous faire, vous rendra plus palpables les observations que nous allons vous soumettre sur l'invention de M. Ameline. Qu'on prenne un squelette naturel, qu'on remplisse les enfoncemens qu'il présente par des muscles, des artères, des veines, des nerfs, des viscères; que le tout soit recouvert d'une enveloppe ayant à peu près la couleur de la peau; et on aura formé le mannequin dont il est ici question. Les pièces qui le composent sont nombreuses et se détachent avec facilité, de sorte

qu'on est à portée de les considérer sous toutes leurs faces et dans leurs positions respectives. Il est plusieurs muscles que l'on peut voir
plus positivement que sur le cadavre ; car il y
a souvent impossibilité pour les élèves de bien
distinguer les muscles grêles de la face, du larynx, du voile du palais, etc., etc. Cette vérité
nous est également démontrée pour les vaisseaux et les nerfs les plus difficiles à suivre à la
base du crâne. D'ailleurs, pour y parvenir, cela
demande des coupes habilement faites. C'est
ce que M. Ameline a exécuté à merveille. Les
morceaux qui composent cet écorché, sont
faits avec du carton. Tantôt ils s'enchâssent
par leurs formes mêmes dans les places qu'ils
doivent occuper ; d'autres fois ils sont retenus
par de petits crochets de manière à imiter les
fibres. Il manque, pour compléter ce tableau,
d'y découvrir ce tissu cellulaire qui unit toutes
nos parties, et qui entre essentiellement dans
leur composition. On a cherché seulement à
le remplacer par du coton, pour remplir certains espaces occupés ordinairement par des
glandes. On n'y trouve pas non plus la plupart des organes de la poitrine et de l'abdomen. L'auteur monte et démonte son ouvrage
en un clin d'œil.

Fontana, médecin italien, essaya de sculpter un écorché en bois blanc ; cette machine, dit-on, n'était rien moins que parfaite. D'après l'examen réitéré que nous avons fait du mannequin de M. Ameline, nous n'hésitons pas à le regarder comme supérieur à tout ce qu'on connaît en ce genre.

L'anatomie ne doit être apprise que sur les cadavres, par ceux qui se destinent à l'art de guérir. Les imitations les plus belles ne sauraient remplacer pour eux le grand livre de la nature. Aussi, considérée sous ce point de vue, celle qu'on vous présente est insuffisante, comme tant d'autres ; mais elle est excellente pour ceux qui aiment à ne rien oublier : elle convient à ceux que trop de répugnance éloignerait, dès le premier abord, des cadavres : à l'aide de ce moyen nous ne doutons pas qu'on ne parvienne à leur faire prendre le goût de l'anatomie. Ce guide serait même assez sûr pour les mettre en état d'en faire l'application sur l'homme ; ce serait aussi un grand secours pour le praticien que ses observations éloignent pour toujours des amphithéâtres. En effet, dans le cas où il devrait pratiquer une opération, s'il avait perdu de vue le trajet de certains vaisseaux qu'il serait important de ménager, un coup d'œil jeté sur le mannequin suffirait pour le lui rappeler mieux et plus promptement que ne le feraient toutes les descriptions qu'on trouve dans les livres. D'un autre côté ceux qui cherchent avec avidité tout ce qui peut ajouter à leur éducation, auront recours à cette ingénieuse machine pour se satisfaire, et pourront acquérir cette connaissance sans dégoût : tant qu'à nous, nous ne pouvons que souhaiter que le gouvernement accueille avec bienveillance les travaux de M. Ameline, et qu'il le désigne comme chef d'un établissement à l'instar de celui qui fut créé en 1807, pour le modelage en cire, dont on confia la direction au savant Laumonier ; ce serait alors qu'on concevrait l'espoir de voir propager cette nouvelle méthode de modeler, qui deviendrait même par la suite à la portée des médecins et des artistes qui jouiraient d'une médiocre fortune. S'il est vrai de dire que ces derniers prendraient avec ce mannequin une idée assez nette de l'ensemble de l'écorché, il est juste d'observer qu'on ne trouverait pas, dans cette circonstance, cette douceur et cette régularité de formes que les peintres et les dessinateurs aiment à rencontrer sur les originaux qu'ils copient. Tout nous fait espérer que M. Ameline perfectionnera son invention , et il nous a déjà laissé entrevoir qu'il avait essayé avec assez de succès , de rendre les muscles élastiques ; peut-être un jour, cette machine, qui a exigé tant de soins et de patience de la part de son auteur , et qui fait voir en lui un anatomiste très-distingué, deviendra-t-elle exempte des défauts que , dans l'intérêt des sciences et des arts , nous avons cru ne pas devoir passer sous silence.

Nous terminerons ce rapport en disant que cette invention nous a paru digne de fixer l'attention de l'Athénée des Arts. Votre commission vous propose en conséquence d'accorder à M. Ameline le maximum des récompenses dont vous vous plaisez à honorer le talent.

Signé PONCE, FABRÉ, MIRAULT, LUTON.

DEVILLIERS , rapporteur.

Certifié conforme à l'original , déposé aux archives de l'Athénée des Arts ,

Signé LUTON , archiviste.

EXTRAITS DES REGISTRES

DES SÉANCES

DE LA SOCIÉTÉ DE MÉDECINE DE CAEN.

Séance du 17 février 1818.

M. AMELINE lit la description d'une table à bascule de son invention, propre à faciliter les démonstrations anatomiques ; cette description est déposée aux archives ; et, à la demande de l'auteur, M. le président nomme deux commissaires pour examiner cette table mécanique, et en faire le rapport à la compagnie. MM. Le Boucher et Raisin sont désignés.

LEQUÉRU, D. M., secrétaire.

Séance du 3 mars 1818.

M. LE BOUCHER, professeur et démonstrateur d'anatomie en l'ancienne faculté de Caen ; et M. RAISIN, ayant aussi enseigné, près l'école de dessin, l'anatomie, appliquée à cet art d'agrément, sont nommés commissaires par la compagnie, pour examiner la table anatomique de M. Ameline. Après avoir donné à cette intéressante pièce mécanique toute l'attention dont ils sont capables, et qu'exige cet objet, messieurs les commissaires communiquent à l'assemblée leur rapport, dans lequel cette machine est décrite d'une manière claire, précise et très-détaillée. Messieurs les rapporteurs ont été téllement frappés des nombreux avantages qu'elle présente au maître et à l'élève, tant pour la dissection que pour la démonstration des diverses parties, et la Société en a entendu la lecture avec tant d'intérêt, que voulant donner à notre ingénieux collègue une marque de l'hommage qu'elle rend à son zèle, et de l'importance qu'elle attache à sa table à bascule, arrête que, pour lui assurer la propriété de cette heureuse invention, il en sera non-seulement fait mention honorable au procès verbal, mais que le rapport de MM. Le Boucher et Raisin y sera textuellement inséré.

RAPPORT

FAIT PAR MM. LE BOUCHER ET RAISIN.

Messieurs,

Un de nos collègues, M. Ameline, vous ayant parlé dans diverses séances d'une machine de son invention, et dont il se sert dans ses leçons pour rendre ses démonstrations plus faciles et plus intelligibles, vous nous avez chargés, M. Le Boucher et moi, d'examiner cette machine, et de vous faire un rapport sur les avantages qu'elle peut présenter. Pour vous mettre à portée d'apprécier le jugement que nous en avons porté, nous commencerons par donner une description de la machine; nous passerons ensuite aux applications que l'on en peut faire dans les démonstrations anatomiques, et nous terminerons ce rapport par un résumé des principaux avantages que nous y avons reconnus.

Description de la machine.

Cette machine, destinée à remplacer la table sur laquelle on étend ordinairement le cadavre qui sert aux démonstrations anatomiques, est composée de deux pièces principales. La base de la première pièce est une table, ayant la figure d'un rectangle, dont la longueur est de trois pieds, et la largeur d'environ vingt-huit pouces. Au milieu des deux côtés de ce rectangle ou base, sont solidement fixées deux fortes jumelles placées perpendiculairement à la base et parallèlement entre elles. Ces deux jumelles ont six pieds de hauteur, et à leur extrémité supérieure se trouve une traverse dont la longueur dépasse un peu la largeur de la base. Jusque-là cette machine ressemble assez bien à la toise dont on se sert pour déterminer la taille des militaires. Il y a seulement cette différence que, dans la toise, la traverse est mobile, tandis qu'ici elle est solidement fixée, au moyen d'une mortaise à l'extrémité supérieure de chaque jumelle. Au milieu et au-dessous de cette traverse est fixé un crochet de fer, à tête et tournant, assez fort pour supporter le poids d'un cadavre ; auprès de ce crochet on fixe également une poulie tournante. On peut employer une poulie double si l'on peut augmenter son action.

Dans le corps des deux jumelles , à une distance égale des deux bouts , est pratiqué un trou propre à recevoir une tige de fer, ronde , d'un diamètre d'environ quatre lignes, à peu près de la longueur de la traverse , ayant à l'une de ses extrémités une tête arrondie , à l'autre un pas de vis auquel s'adapte un écrou , pour empêcher que cette tige , passée dans les trous qui se trouvent aux jumelles , ne se dérange dans les mouvemens que l'on fait exécuter à la machine pendant la démonstration. Le principal usage de cette tige est de servir d'axe autour duquel se meut l'échelle à bascule , qui est l'autre pièce principale de la machine. On peut pratiquer aux deux jumelles plusieurs autres trous de même dimension et à égale distance du premier , afin de pouvoir au besoin placer la tige de fer plus haut ou plus bas. Quatre roulettes mobiles en tous sens sont placées en dessous , aux angles de la base de la machine.

La seconde pièce principale est une échelle, ayant au milieu de ses deux montans un trou destiné à admettre la tige de fer autour de laquelle cette échelle doit se mouvoir et faire la bascule à volonté. L'échelle de M. Ameline est plutôt un châssis qu'une véritable échelle, à cause des deux pièces de bois qui sont placées parallèlement et à distance égale entre les deux montans, et au travers desquels passent également les échelons. On peut aussi faire plusieurs trous aux montans de l'échelle, à égale distance du premier, pour pouvoir l'avancer ou la reculer à volonté. Les dimensions de cette échelle ou châssis doivent être telles, que cette pièce puisse être placée entre les jumelles, se mouvoir librement entre elles et entre la base et le crochet fixé au-dessous de la traverse.

Cette échelle ainsi placée entre les jumelles et traversée par la tige de fer, comme nous l'avons dit, au moyen de l'écrou, peut faire la bascule à volonté, être tenue horizontalement ou dans un plan plus ou moins incliné, au moyen d'une corde attachée à l'une de ses extrémités et que l'on fixe à la traverse ou à l'une des jumelles. De cette manière, le cadavre placé sur cette échelle, pourra suivre tous les mouvemens que l'on voudra lui imprimer et rester maintenu dans la position convenable.

Les pièces accessoires sont : 1°. une poulie mobile et à crochet ; 2°. plusieurs crochets faits ávec des tiges de fil de fer assez fort : on y attache une ficelle plus ou moins longue.

Usages de cette machine.

Pour se servir de cette machine, on fixe un tire-fond dans le vertex du cadavre ; on passe une corde dans l'anneau de ce tire-fond ; on noue les deux extrémités de cette corde et on l'accroche au crochet tournant fixé à la traverse. De cette manière le cadavre se trouve debout entre les deux jumelles, et on peut lui faire successivement présenter le dos et les parties latérales.

Maintenant, si l'on veut donner diverses positions aux membres, on place le bras ou l'avant-bras, par exemple, dans un des crochets dont nous avons parlé, on le met dans la flexion, l'extension, devant le tronc, en arrière, en un mot on le met dans toutes les positions que l'on désire, et on l'y maintient en tortillant la ficelle, qui est au bout du crochet, autour de *taquets* placés le long des jumelles. On peut également mettre les membres inférieurs dans toutes les positions possibles en employant le même procédé.

Veut-on incliner le tronc en avant, le placer même horizontalement en laissant les pieds sur le sol? on met la tige de fer à la hauteur du bassin, on prend la poulie mobile, on en passe le crochet dans l'anneau du tire-fond, et, au moyen d'une corde passée dans les deux poulies, on incline le tronc en avant, et on le fixe à tel degré d'inclinaison qu'on veut. Ainsi, par ces moyens combinés, on peut donner au cadavre toutes les attitudes possibles.

Veut-on qu'il soit couché horizontalement? on place l'échelle entre les jumelles, et on l'y maintient au moyen de la tige de fer et de l'écrou; on lui fait faire un mouvemeut de bascule jusqu'à ce qu'elle soit horizontale, et on y place le cadavre. On peut également dans cette position varier les attitudes des membres, soulever un peu le tronc, asseoir le cadavre, etc.

Avantages de cette machine.

Toutes les méthodes descriptives adoptées par les anatomistes, supposent l'homme placé debout. Ainsi, pour prendre un exemple, on dit que le diaphragme est une cloison musculo-tendineuse, située transversalement entre le thorax et la cavité abdominale; qu'il a une face supérieure et une face inférieure, etc. Mais, dans la position où l'on met le cadavre, c'est-à-dire, sur le dos, les expressions dont se sert le démonstrateur font sur l'esprit du commençant une impression différente de celle que ses propres yeux lui transmettent ; car la cloison que l'on dit être transversale, se trouve verticale, et les faces que l'on dit supérieures et inférieures, se trouvent à la droite ou à la gauche de l'étudiant, selon la position qu'il occupe auprès du cadavre. Il doit donc en résulter une confusion dans les idées, jusqu'à ce que l'habitude lui ait appris à transporter, par une opération de l'esprit, le cadavre dans la position qui convient à la méthode descriptive.

Cet inconvénient, très-grand sans doute, a vivement frappé notre collègue, et lui a suggéré l'heureuse idée de faire construire la machine dont nous nous occupons, et au moyen de laquelle il peut donner, non-seulement au cadavre entier, mais encore à chacune de ses parties, une position qui les mette parfaitement en rapport avec les expressions employées dans la description qu'il en fait. Cet avantage surtout nous a paru inappréciable.

Un second avantage qui n'est pas de peu d'importance, c'est que les parties qui, pour être bien connues, ont besoin d'être vues de plusieurs côtés , peuvent être présentées aux regards des élèves , sans changer la position du cadavre , et conséquemment sans changer les rapports qu'elles ont avec les parties voisines. Il suffira pour cela de tourner la machine toute entière ; ce qui s'exécute facilement, au moyen des roulettes mobiles dont nous avons parlé. On peut également montrer la pièce anatomique successivement aux élèves, sans qu'ils soient obligés de se déplacer ; ce qui évite la confusion et le désordre qui ne manquent jamais d'arriver lorsque ceux qui sont situés du côté opposé, veulent changer de place, pour mieux voir ce que l'on démontre.

On peut encore au moyen de cette machine entretenir le cadavre dans un plus grand état de propreté, en le lavant et le séchant commodément. On retarde par-là sa décomposition, et on diminue les dangers inséparables du séjour prolongé dans les amphithéâtres.

On objectera peut-être que la position horizontale que l'on donne au cadavre dans la méthode ordinaire, a l'avantage de présenter les parties dans une position plus analogue à celle dans laquelle on observe les malades. Cette objection paraît d'abord spécieuse, mais vos commissaires pensent qu'elle ne peut supporter un examen sérieux. Peut-on comparer un homme versé dans les connaissances anatomiques, un praticien habitué à observer les malades dans toutes les positions, à un élève qui suit pour la première fois un cours d'anatomie? Ne saisit-il pas au premier coup d'œil tous les rapports des organes dont il cherche à reconnaître les lésions, tandis que l'autre éprouve déjà assez de difficultés à retenir le nom, à étudier la forme, la position des parties qu'il veut connaître; et que sera-ce encore si les deux sens au moyen desquels il doit acquérir une idée nette de ce qu'il observe, transmettent en même temps à son esprit des impressions différentes? D'ailleurs n'est-on pas obligé dans une infinité de cas d'examiner les malades dans toutes sortes de positions? Si cette objection avait quelque valeur, ce serait, non contre la machine, mais contre la méthode descriptive employée de tout temps par les anatomistes.

L'invention de notre collègue présente encore un grand avantage pour donner aux élèves un cours d'opérations chirurgicales. Chaque opération n'exige-t-elle pas une position particulière que l'on peut donner au cadavre au moyen de cette mécanique?

Vos commissaires pensent donc que M. Ameline a bien mérité de la science et en particulier de ceux qui veulent se livrer à l'étude
pratique de l'anatomie et des opérations, en
imaginant une machine qui, au mérite de la
simplicité, joint celui de faciliter singulière-
ment la dissection, et donne aux professeurs qui
voudront s'en servir, les moyens de présenter,
de la manière la plus exacte, les parties qu'ils se
proposent de démontrer.

LEQUÉRU, D. M., secrétaire.

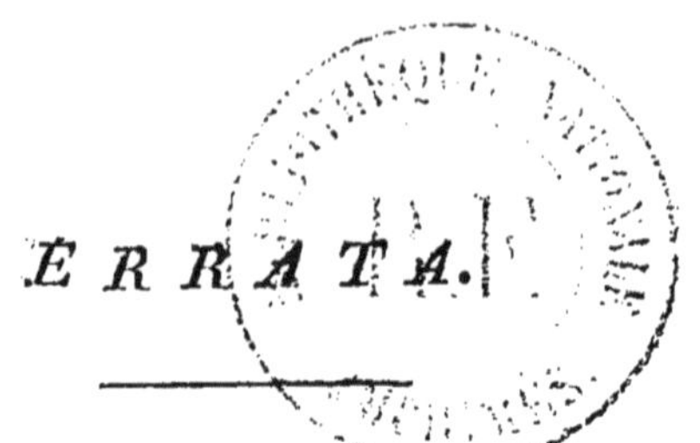

ERRATA.

Page 1, ligne 6, *au lieu de* Riotan, *lisez :* Riolan.

Page 7, ligne 15, *au lieu de* esprit, *lisez :* aspect.

Page 10, ligne 2, *au lieu de* en concave, *lisez :* ou concave.

Page 16, ligne 14, *au lieu de* juris, *lisez :* jurys.

Page 18, ligne 21, *au lieu de* les mieux, *lisez :* le mieux.

Page 44, ligne 22, *au lieu de* démonstration, *lisez :* démonstrations.

Page 71, ligne 17, *au lieu de* Desuones, *lisez:* Desnoues.

Page 71, ligne 27, *au lieu de* M. Picon, *lisez:* M. Pinçon.

Page 86, ligne 7, *au lieu de* supérieures et inférieures, *lisez :* supérieure et inférieure.